最赚钱的服务

服务时代搞掂顾客『心』法则

ZUI ZHUAN QIAN DE FU WU

开建松 著

中国财富出版社

图书在版编目（CIP）数据

最赚钱的服务：服务时代搞掂顾客“心”法则 / 开建松著 .—北京：中国财富出版社，2014.1

（华夏智库·金牌培训师书系）

ISBN 978-7-5047-5079-2

Ⅰ.①最… Ⅱ.①开… Ⅲ.①企业管理－销售管理 Ⅳ.① F274

中国版本图书馆 CIP 数据核字（2013）第 298921 号

策划编辑 黄 华　　责任印制 方朋远

责任编辑 周 南 姜莉君　　责任校对 饶莉莉

出版发行 中国财富出版社

社　　址 北京市丰台区南四环西路 188 号 5 区 20 号楼　邮政编码 100070

电　　话 010-52227568（发行部）　010-52227588 转 307（总编室）

010-68589540（读者服务部）　010-52227588 转 305（质检部）

网　　址 http://www.cfpress.com.cn

经　　销 新华书店

印　　刷 北京京都六环印刷厂

书　　号 ISBN 978-7-5047-5079-2/F·2063

开　　本 710mm×1000mm 1/16　　版　　次 2014 年 1 月第 1 版

印　　张 17.25　　印　　次 2014 年 1 月第 1 次印刷

字　　数 238 千字　　定　　价 35.00 元

前　言

20世纪最伟大的心理学导师詹姆斯曾经说过："人类因改变观念，从而改变了整个人生和世界。"做服务也是一样，可能会遇到一些不快和抱怨，这就需要我们有坚定的意志力和坚持到底的决心。同时，更需要一种使命感、责任感，需要用正确的服务观念和服务态度来赢得客户的支持。只有这样，我们才可能做正确的事情，获得想要的结果。

当今社会的服务，不仅仅是对客户消费的一种回馈，更是客户对企业的印象如何以及以后是否继续光临的重要判断依据。因此，如何为客户提供优秀的服务是大多数企业急需解决的问题。作为服务人员，应该如何抓住客户的心？作为服务主管，又该如何提升企业的整体服务水平？这是所有服务业人士亟须知道的。然而，服务真的有秘诀吗？答案是肯定的。

世界上的企业越来越多，仅中国的民营企业就多达5000万家，服务人员更是数不胜数，然而在如此多的企业中，却总有一些企业经历革新后仍然屹立商界，闪闪发光。无论从事何种行业，服务人员都处于直接面对顾客的第一线，因此不可不慎。要想自己走向事业的高峰，就必须从"心"开始。当前，关注顾客、理解并满足顾客需求、对顾客关怀备至，以及表现温柔、关爱与体贴等成为公司服务目标，而且成为整个服务界的关注焦点。顾客至上的思想彩旗飘扬，相关书籍一本本出版，演讲一个接着一个，无一不在阐述客户服务的重要性。客户服务的解读方式与价值观发生了革命，这场革命至今仍在继续。所以，我们在这方面依然要努力做得更好。

服务水平的提高如同人的成长，期间有孕育的阵痛，有挫折的烦恼。正如丘吉尔所说：“唯一秘诀是永不放弃！”我们知道，在海尔有一个响亮的口号——“海尔人就是要创造感动”。对于企业来说，客户忠诚比满意更有意义，忠诚的客户是企业的高质量客户，他们可以带来更大的利润，也可以形成更好的口碑，企业服务的目标就是培养更多的忠诚客户。培育忠诚客户最直接的方法就是提供能让客户感动的服务，这在产品导向转变为客户导向的大背景下是必需的，在服务作为企业内功修炼的大背景下更是必需的。

本书适合企业客服与管理人员及销售人员学习，因为无形的服务与有形的产品都能给客户带来价值。在很多行业，销售过程与服务过程是统一的、高度结合的。如果销售人员在销售过程中可以找到感动客户的瞬间，成交就成为必然。销售中的营销与客户关系是在良好服务基础之上建立起来的。相信本书一定能给你带来一个全新的服务理念，成为你最得力的工作助手和行动指南。

本书能在较短的时间内出版，真诚感谢秦富洋、方光华、陈德云、刘星、曾庆学、陈春东、辛海、蒋志操、王咏、赵国星、王奇珍、江晓兴、王道国、赵志刚、张艳杰等人在制图、文字修改以及图书推广宣传方面的协助。

作 者

2013 年 8 月

目　录

第一讲

服务，从“心”开始

海底捞：主人翁式的服务精神

说到最赚钱的服务，不能不提海底捞。四川海底捞餐饮股份有限公司成立于1994年，是一家以经营川味火锅为主，融各地火锅特色于一体的大型跨省直营餐饮民营企业。

公司在张勇董事长确立的服务差异化战略指导下，始终秉承“服务至上，顾客至上”的理念，以创新为核心，一改传统的标准化、单一化的服务，提倡个性化的特色服务，将用心服务作为基本经营理念，致力于为顾客提供“贴心、温心、舒心”的服务；在管理上，倡导双手改变命运的价值观，为员工创建公平、公正的工作环境，实施人性化和亲情化的管理模式，提升员工价值。

近20年来，公司不断发展壮大，在北京、上海、天津、西安、郑州、南京、沈阳等全国多个城市拥有60多家直营店，4个大型现代化物流配送基地和一个原料生产基地，2009年营业额近10亿元，拥有员工一万多人。

近些年来，海底捞各方面的表现令人赞不绝口。究竟是什么原因使得这样一家来自四川简阳的火锅店如此火呢？有些人认为是它的服务，海底捞重视服务质量，而且将其贯穿于各个环节中。

一般情况下，人们吃饭特别讨厌排队，因为当前社会的快节奏已经让人们失去了本有的耐心，变得性子比较急。另外，传统上的等待就是坐在饭店的椅子上东望望、西瞅瞅，要么就看看菜单，观察一下饭店的装修之类的，但很快就会感到乏味，稍微好一些的饭店会给客人送上报纸、茶水。而海底捞的服务却远远超越了这些。它通过一系列的创新举动使得这个原本让客户怨声载道的等待时间成为了一种洋溢着快乐和满意的等待。当你在海底捞等待区休息的时候，热情的服务员会立刻为你送上各种各样的水果、零食和饮料。与此同时，海底捞还会提供扑克牌以及免费无限网络覆盖。更令人惊讶的是，来海底捞消费的女士可以获得免费美甲，男士则可获得免费擦皮鞋，就这样，等待吃饭的时间转眼即逝。所以，在海底捞排队等待已经成为其一大特色。

当然，海底捞最令人称赞的地方就是服务环节，包括从停车泊位到等待、点菜、中途上洗手间、结账走人等整个吃饭流程的各个环节。这足以体现出海底捞高度重视服务，以及对员工的培训力度。

1．为客人省钱的点菜服务

在点餐的时候，如果用餐客人点的菜超过了该桌的可食用量，海底捞的服务人员就会提醒，以免浪费。我们可以想象一下，服务员如此为你着想，你心中一定充满了温暖的感觉。另外，服务员还会提醒客人各式的食材都可以点半份，这样，享有的菜式种类就更多了。

2．及时到位的席间服务

在客人用餐期间，海底捞服务员会主动给客人更换热毛巾，而且绝对在两次以上；如果客人是长头发的女士，他们还会提供扎头发的皮筋；如果客人携带手机，他们会提供精美的塑料袋，以免手机进水；给戴眼镜的客人提供眼镜布……还有，海底捞最亮丽的一道风景线是所有的顾客都穿着样式统一的围裙，所以为顾客提供围裙也是海底捞的特色服务之一。可

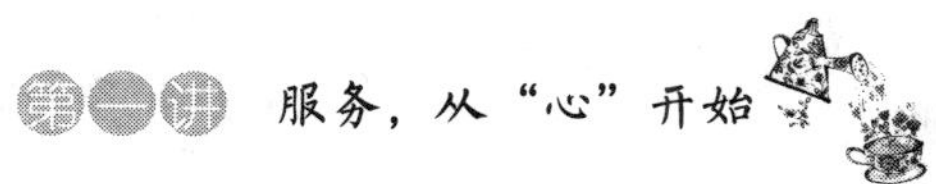

见，海底捞考虑得是多么周到！穿围裙不仅能避免汤汁洒到客人的身上，而且还能防止火锅味侵入衣服。

3. 暂时充当儿童保姆

如果吃饭的时候带着孩子，一定会为孩子四处捣乱而烦心不已，即使再美味的食物也会变得索然无味。为此，海底捞特地创建了一个儿童天地，这样就可以让孩子们在儿童天地中快乐地玩耍；而服务员也可以免费帮忙带孩子，甚至是喂孩子吃饭。

4. 星级卫生间服务

海底捞的卫生间不仅卫生干净，而且装饰得十分典雅，特别是还配备专职人员为洗手的客人递上擦手用的纸巾。

5. 给客户一些小赠品

一般的饭店在客户用餐结束之后会送上一个小果盘，而海底捞除了会应顾客需求送上果盘之外，还会随机地送给客户一小袋豆子。虽然这不值什么钱，但是这种周到的服务已经在顾客心中生根发芽，鼓励他们再次到海底捞用餐。

种种事实证明，绝大多数的火锅爱好者早已经被海底捞的服务所征服，人们在用餐之后，会乐此不疲地将这种经历和心情发布到网上，让更多的人看到，而且吸引他们到海底捞用餐。这也正体现了海底捞的极大成功之处，值得很多企业学习借鉴。

服务是最大的附加值

当今社会，竞争最为激烈的是什么？有人说是人才之间的竞争，有人说是产品之间的竞争，但是海底捞告诉你，服务才是21世纪最大的竞争力，把时间和精力放在服务上的理念，来源于海底捞老总张勇的创业经历。

当年海底捞开业之后，生意一直很差。张勇观察到有一个人每天都会路过海底捞店门口，因为他就住在海底捞的楼上。而事实上，这个人还有十几个朋友都在楼上住，他们非常喜欢吃火锅，但是每次都在别家火锅店吃。他们不是没有想过去张勇店中尝试一下，但是每次看到海底捞店里根本没有客人，也就没有兴趣进去尝试了。为了拉拢这一批客户，张勇想了一个办法，他开始每天站在楼梯门口等这位客人，打听到这个人姓魏后，张勇每次看到这个人下楼的时候就会十分热情地上前打招呼：“魏大哥好！”每天都是这样，终于有一天，这位魏大哥碍不过情面走进了张勇的店中。这让张勇十分兴奋，他赶忙热情地招待人家，但是魏大哥吃完之后说了一句泼冷水的话：“你们的火锅实在不怎么好吃。”但是具体哪里不好吃，魏大哥也说不清楚。

虽然没有找到自己的问题出在哪儿，但是张勇还是得到了一条十分有用的消息。魏大哥在吃饭的时候无意间提起了一件事，说其他火锅店有一种祖传秘制香辣酱，而火锅之所以好吃，就是因为使用了这种香辣酱。其实张勇也知道，这种所谓祖传秘制的香辣酱根本没有那么神秘，不过是商家吸引客户的一个噱头。而他们的香辣酱之所以好吃就是因为进货商提供的酱质量比较好。经过苦苦地寻找，张勇终于找到了魏大哥说的那种香辣酱，并让自己的太太亲自给魏大哥送了上去，让他尝一尝是不是和他说的那个香辣酱味道一样。这个举动让魏大哥十分感动，自然而然地，跟他在一起的十几个人成了海底捞第一批忠实的客户。

张勇对他早年的这段经历进行了总结。他认为，当时之所以可以让魏大哥成为自己的忠实客户，就是因为自己的服务态度真诚。当客户需要服务的时候，尽快地满足客户的要求；当客户觉得不满意的时候，就多赔一些笑脸。只要充满真诚和热情，再加上优质的服务，就能够牢牢地抓住客户的心。正是靠着这一点，3 个月之后，海底捞的客户渐渐多了起来，而且逐渐出现了排队用餐的现象。慢慢地，海底捞的生意越做越大，最后竟然成了简阳当地最大的一家火锅店，还在简阳开设了第一家分店。

早年的经历使张勇受益匪浅。他发现，那些附加值比较低的餐饮服务业，虽然一再提倡顾客至上，但是很多同行并没有重视和实施。因此，他决定将服务至上作为海底捞的经营宗旨。在张勇看来，海底捞获得成功最有力的武器就是服务。

在竞争激烈的餐饮市场中，因为众口难调，想要成为给所有客户一种满意的体验，让所有客户都称赞的饭店已经越来越难，但是海底捞却做到了，而且做得更好。打造最完美的服务已经成为海底捞的企业文化，将服务至上的理念奉为海底捞立店之本，让服务成为自己与同行之间最大的差异更成为海底捞最有力的市场竞争武器。海底捞，正在凭借着这一点逐渐成为行业的领头羊，而它的生意自然也是越做越红火。

有些人认为服务是一种出力不讨好的浪费。其实这种观点是完全错误的，是目光短浅的观点，因为无数的事实已经证明，服务质量是区分一家公司与另外一家公司、一种产品与另一种产品的重要因素。在高度竞争的市场经济条件下，没有任何一种产品可以远远地把竞争对手甩在身后。但是，优质的服务却可以有效地区分两家企业。一旦你为客户提供了优质的服务，那么你无疑就会比你的竞争对手更有竞争优势。因此，从某种角度上来说，服务就是企业的一种隐性产品，也是直接影响企业业绩的一个产品。

我们随便翻开一些研究成功企业的书籍就会发现，那些企业都是将服务好消费者看成企业持续发展的根本。而海底捞走出简阳之后，第一站就选择了西安，最初败得一塌糊涂，但是张勇在关键时刻改变策略，重新拾起"服务高于一切"的理念，将个性化服务作为海底捞的主打特色，仅仅用了两个月就实现赢利，重新将客户拉入店中。

仅从这一点就不难看出，个性化服务对于一个企业来说意味着什么。它不仅可以让企业立足，还能让企业在众多竞争者中脱颖而出。在品牌竞争与服务竞争的现代社会，企业想要营造出自己的竞争优势，就必须强化企业的服务能力，以服务来打造自己的核心竞争力。

以热情支持服务

热情是这个世界上最有价值的一种情感，也是最具感染力的一种情感。让自己充满热情，你的服务才能充满激情，而面对充满热情的服务，客户即使有些不满意，也会尽量包容你、理解你。

热情并不仅仅体现于外在形象上，当你获得了热情，它就会占据你的内心。热情能帮助你克服恐惧，热情可以帮助你事业成功，热情可以让你赚更多的钱、享受更多的健康、过上更幸福的生活。

热情是服务的基础，充满热情地投入工作吧！从现在就开始，对自己说“任何困难都打不倒我”，让自己充满热情，对客户表现出热情。

史密斯先生去德国出差，他在入住一家酒店时发现该酒店的前台服务人员胸前别着一枚印着“是的，我能”的胸章，史密斯先生觉得十分有趣，于是问这位服务人员能否送自己一枚这样的胸章，但是这位服务人员却说：“不，我不能。”随后他又解释说：“这是酒店老板规定我们必须要佩戴的，我没有多余的胸章可以送给您。”史密斯先生听后十分失望。

过了一段时间，史密斯先生又来到新加坡出差，他在当地一家旅馆的咖啡厅与客户商谈生意的时候发现咖啡厅的人越来越多，周围环境也越来越嘈杂。因为担心对方听不清自己所说的，史密斯先生和他的客户都不断地提高自己的声调。此时，一位女服务员看到这个情形，立刻打电话给客房部，要求拨一间客房给史密斯先生与他的客户使用。当时刚好有一间空房，于是女服务员就把史密斯先生与他的客户请到了客房中，使他们能够平静地谈话，并且告诉他们这一切都是免费的。

史密斯先生遇到的这两件事的情况十分类似，都是发生在旅馆中，而且故事的主角也都是旅馆的一线服务人员，然而为什么他们之间会有截然不同的表现？到底是什么原因造成他们的表现如此悬殊呢？

先来看第一位前台服务人员，他的公司要求他“能”，但是他却对史密斯先生说“不能”，既违背了公司对他的要求，也没有满足史密斯先生的要求，因此可以说既没有维护公司的利益，也没有维护客户的利益。为什么会造成这样的情况呢？就是因为他缺少热情。而第二位女服务人员，她为什么会主动为史密斯先生服务呢？就是因为她充满了热情。

玫琳凯是美国著名的女企业家，她在管理公司的时候就非常注重激发下属的热情和活力，这使得玫琳凯公司的员工全部都充满激情。她说，之所以会如此重视员工的热情，就是因为早年的一段经历给了她莫大的启发。

有一次，玫琳凯邀请了一位知名人士给自己的公司做演讲。但是这位名人的飞机晚点，因此，作为主持人的玫琳凯不得不先安排其他节目。在演讲者到达之后，玫琳凯发现他十分疲倦，就在玫琳凯担忧他的状况时，这位演讲者开始在后台捶打自己的胸膛并且不断上蹿下跳，看上去活像一只动物园的大猩猩。当这位演讲者登上演讲台的那一刻，他已经变得神采飞扬，充满了热情，而他的演讲也十分精彩，台下员工反响十分热烈。

演讲结束之后，玫琳凯问他：“您为什么要在上台前捶胸顿足、上蹿下跳呢？”

这位演讲者回答说：“我的工作就是激励别人，但是有时候我自己的精神状态也会很糟糕，就如同今天，因为航班晚点我的心情十分烦躁而且身体也很疲惫。但是我知道你们需要一位活力四射的演讲者，尤其是当我看到台下那一张张充满期待的面孔时，就更觉得我不能向你们诉苦，我必须要做出一副很有活力的样子。而捶胸顿足、上蹿下跳则是一个让我热血沸腾的好办法，你看，我现在的感觉就好多了。”

任何事业的成功都需要参与者的热情。IBM 中国台湾分公司的总经理黄慧珠在接受采访时曾说过：“热情是一切的基础。能进 IBM 的人都不会是没有才能的人，区别就在于是否有工作的热情与责任感。你要热爱你的工作，也就是说，什么工作交到你手上，你都要做到最好。而因为你有热情，你才会负责任，就好像鲨鱼闻到血腥就想咬下去，业务员一看到案子就想要做到，做产品控管的人就是要想办法把产品做到毫无缺失。因为有热情，其他的东西才会跟着来。”

无独有偶，新东方副校长徐小平也有类似的观点，他认为，自己之所以可以获得今天的成功，和他当年在美国充满热情送比萨饼的那段经历分不开。他说：“我扫地洗碗，给必胜客送外卖。把热乎乎的比萨在没有变冷或变硬之前送到客户手上，成了我唯一的艺术追求。同事笑我：送个比萨也这么有激情！可是我感到自豪，激情不是浮躁，也不是幻想，而是执着于当下，全身心投入，它是做好眼前事的一种素质。”

现在，你是否认识到了热情的重要性？如果答案是肯定的，那么从现在开始便展现你的热情吧！热情可以感染他人，一旦你的客户感受到了你的热情，那么他就会对你产生好感，对你的服务也会十分满意了！

“套牢”客户，让他们爱上你

英国伦敦乐购公司是英国最大的零售企业。乐购现任首席执行官说：“过去我们依靠模仿竞争对手的方法运营，那样永远不会成为市场第一。于是我们决定放弃跟随市场，开始追随我们的顾客。从1995年起，我们开始实施忠诚计划——‘俱乐部卡’，并且根据俱乐部卡得到的信息数据进行客户细分，根据客户购买习惯设立了13个利基俱乐部，对客户提供有针对性的服务，从而提高客户对公司的忠诚度。这项举措使得公司的市场份额从1995年的16%上升到了2003年的27%，也使乐购成为英国最大的连锁超市集团，一度成为世界第三大超市集团。”

美国西北大学凯洛格商学院教授、整合营销创始人唐·舒尔兹曾预言：“零售商未来的成功模式只有两种：一种是沃尔玛模式，即通过提高供应链效率，挤压上下游成本，以价格和地理位置作为主要竞争力；另一种是乐购模式，即通过对顾客的了解和良好的顾客关系，将顾客忠诚计划作为企业的核心竞争力。”

1．先用利益吸引客户

乐购制定了简单易懂的“俱乐部卡”规则，以顾客在乐购消费数额的1%作为奖励，通过代金券的形式邮寄到顾客家中。之后公司做了统计，“俱乐部卡”活动实施的前6个月，在没有任何广告宣传的情况下，对于代金券的使用率超过了17%，也就是说，有17%的客户主动成为乐购的忠诚顾客。

乐购的这种做法，提高了顾客在购买中得到的价值，将客户再次吸引到超市，这就是前文所说的客户忠诚计划。但是乐购不仅仅是单纯运用利益吸引客户，而且在服务的过程中，积极研究客户的购买习惯，为下一步的客户“利基俱乐部”打下基础。

2．再实施差异化服务

乐购利用多年来掌握的客户数据，研究客户的采购习惯，将客户的年龄、职业等基本特征，与客户采购产品的喜好结合起来，分析不同客户的采购偏好、产品使用频率等。按照员工的话说：“我们知道哪个家庭喜欢吃香蕉，哪个家庭喜欢吃苹果。”乐购将顾客划分成了13个不同的利基俱乐部，比如单身男人的足球俱乐部、年轻母亲的妈妈俱乐部等。“俱乐部卡”的营销人员为这13个分类俱乐部制作了不同版本的俱乐部卡杂志，刊登最吸引他们的促销信息和其他一些他们关注的话题，还在当地为不同俱乐部的成员组织各种活动。

超市的客户群体实在是太庞大了，动辄几十万人，甚至上百万。面对这么庞大的客户群体，不同顾客的需求是不一样的，无法通过“一刀切”的方式让所有顾客都满意。所以，超市只能找到客户需求的规律，将他们分成不同类型，提供有针对性的服务。

顾客要从偌大的超市中找到适合自己的产品是件不容易的事情。乐购会主动将你需要的产品归类之后告诉你，以便客户了解更多适合自己的产品。而且顾客在家里就能收到超市为自己定制的产品介绍，也让顾客感受到企业对自己情感上的关怀。

3. 专业化的需求预测

例如，一对年轻的夫妇在妻子怀孕 8 个月的时候，收到了超市寄送来的关于婴儿用品的产品介绍。这对年轻的夫妇感到很奇怪，超市怎么知道她马上就要生宝宝了？原来，超市从这对夫妇的采购清单中发现，女性用品的购买已经中断了 8 个多月。于是将他们的需求归为年轻妈妈一类客户。

找出客户的核心需求并满足他，远比那些用一种模式去满足所有需求的客户更专业。分级管理可以更专业、更有针对性地满足客户的期望，让客户感觉到比在竞争对手那里更容易得到自己想要的产品。降低客户在采购中付出的精力，是提高顾客忠诚度的好方法。分级是为了更好地满足客户需求，增加客户对企业的认同感、好感，从而令客户不愿意离开你，产生情感的忠诚。

将客户分级后，你就能更多地了解客户的购买习惯，也就为预测客户的购买需求提供了条件。这样可以在客户需求集中爆发之前就准备好货品或服务能力，避免服务高峰带来的压力，也可以在客户表达之前就满足客户，创造更多的惊喜。

4. 不断地付出才有回报

“一项忠诚计划一旦开始，就应该持续进行下去。计划的推出越成功，客户对它的依赖感越强，我们就越无法停止。”乐购的经营者这样说，“我们的核心使命是要维持顾客一生的忠诚度，而不是只做一次交易。”

忠诚是客户与企业之间相互的忠诚。从“俱乐部卡”正式推出的十多年间，乐购为顾客送出的回报超过10亿英镑，也体现出了企业对客户的忠诚。之后在增值“俱乐部卡”的基础上又推出“个人金融服务”等衍生服务，付出了更高的成本，赢得了更多的忠诚客户。

乐购的“俱乐部卡”不仅仅是一张单纯的消费积分卡，它还是有针对性地满足客户需求的第一手资料。在乐购的不懈努力下，“俱乐部卡”被很多海外商业媒体评价为“最善于使用顾客数据库的忠诚计划”和“最健康、最有价值的计划忠诚”。

5. 从客户俱乐部到客户关系

客户俱乐部是一种为一群志同道合的人提供交流与沟通平台的组织，是由某些人或者某个机构发起并组织的，为的是增加会员之间的接触机会，并用大家需要的或看重的利益吸引会员，让会员凝聚在这个组织周围。这个组织最终建立起客户情感之间的相互信任与依赖，并促进会员之间或会员与组织之间的相互忠诚。

一个企业客户组织的设立，一定是有一些前提的，比如客户俱乐部不是为了企业赢利而设立，而是为了增加客户之间的交流与沟通，是现有客户的增值服务。甚至很多客户俱乐部最初的组建根本没有想过要赢利，仅仅是一些兴趣相投的人在一起谈天说地。这一点是企业能否建立客户俱乐部的主要因素。

客户俱乐部一定要创造定期沟通的机会，沟通形式可以是多种多样的。而且要鼓励会员主动地与俱乐部进行交流，这样可以收集到更多、更准确的客户信息。

客户俱乐部一切活动的标准，是创造出超越所售产品的价值。为会员创造价值是客户俱乐部赢得客户的基础。遗憾的是，并非所有的客户俱乐部都能达到这个标准，所以很多客户俱乐部参与的人员越来越少。

与会员建立起富有感情的关系，是俱乐部长远发展的重要因素。只有富有感情色彩的关系才能使你现有的客户转变为忠诚客户，并打消竞争对手意欲夺走客户的企图。打折、提供特别的服务都是不错的方法，如果它们对会员有价值，就能创造忠诚客户。

决定企业未来的是服务

一个人想要收获成功和幸福就不能缺少服务精神，而一个企业想要成功，就不能缺少拥有服务精神的好员工。所以说，无论你从事什么工作，都不能缺少服务精神。再平凡的岗位也可以作出不平凡的贡献，只要你的人生观是正确的，那么你的工作就会有取之不尽的动力。决定一个人能否获得成功的关键并非能力大小，而是一个人的道德品质与服务精神。

在工作中，人们需要有服务精神，要把工作当成自己的职责，做一个有利于公司、有利于顾客的人。因为只有这样，公司才能得到发展，你的能力才能得到更大地发挥。

一个企业要想顺利地发展就不能缺少服务精神。当今社会，一切的成功都必须通过人与人之间的交流来实现，如果你没有为他人服务的思想，没有助人为乐的精神，只看到自己的利益，是很难获得成功的。一个企业，如果所有的员工都只做自己分内的工作，没有服务精神，那么这个企业也是一家没有竞争力的企业。所有的企业都喜欢寻找具有服务精神的员工，因为这类员工不仅可以把自己分内的事做好，还会把服务当成一种习惯，服务他人。他们面对困难时从不找借口，而且能自动自发、尽职尽责地完成自己的本职任务。一般情况下，企业领导会对那些具有服务精神的人委以重任。如果你想在公司中获得领导的重视，那么就必须成为这样的人。

在阿里巴巴的B2C店铺中，有很多职业客服，而通过观察不难发现，这些职业客服在接待客人时都是十分有礼貌的。当客户询问他们问题的时候，他们总会客气地说：“您有什么需要，亲？”“亲，您好！”“亲，欢迎下次光临。”“亲”的文化已经在服务行业中流行开来，而“亲”字是“亲爱的”简称，是对客户的一种爱称，可以拉近客户与商家之间的距离。虽然我们不知道“亲”字是哪家商铺先使用出来的，但是这种良好的服务态度却已经成为一种趋势在整个服务业流行开来。

“亲”字之所以流行，就是因为它能够让客户从一开始与我们接触的时候就保持良好的心理感受，让他们在愉快的心理状态下为对方的服务而付费，而且下次依然会光顾，甚至会告诉周围的朋友：“这家店的服务最好。”由此可见，无论是大企业还是小企业，抑或是街头的小商小贩，都需要致力于提供高品质的服务，而且生意越小，服务精神就越显得重要。

服务决定了一家企业的生存与发展。如果一个企业缺乏服务精神，那么它就一定会失去竞争力。所以，企业需要不断地提升自己的服务能力才能在激烈的市场竞争中存活下去。而企业的服务水平是由企业员工的服务意识和能力来体现的，如果企业中的每个员工都能给客户提供最优质的服务，那么这家企业肯定会打败竞争对手，拥有越来越多的客户，最终像阿里巴巴一样，成为本行业的龙头企业。

客户喜欢增值服务

很多企业总是会提到产品的增值服务，那么所谓的增值服务到底是什么呢？

1. 增值服务的官方定义

到目前为止，关于增值服务（Value-added logistics service）并没有一个统一的定义。但是其主旨是不变的，那就是根据客户需要，为客户提供的超出常规服务范围的服务，或者采用超出常规的服务方法提供的服务。在1994年，中国物流协会对增值物流的定义为“在完成物流基本功能基础上，根据客户需求提供的各种延伸业务活动”。

2. 为什么要提供增值服务

现在市场上有很多商品都是类似的，你的产品在功能上并不一定比他人的产品有优势。这样一来，你想要取得竞争的胜利就只能采用低价处理的战略，但是低价处理往往会引发价格战。而在价格战中，只有那些资金实力雄厚的企业才能笑到最后，其他的都会被淘汰。而最终，除了消费者之外，谁也不是赢家。那么，该如何使自己的产品在跟别人没有太大区别的情况下避免价格战呢？此时就要用到产品的增值服务了。

奇虎360就是一家致力于为客户提供增值服务的企业。现如今，中国的互联网公司数不胜数，但奇虎却能成为仅有的几家大型网络公司之一。究其原因，就是因为奇虎公司为客户提供了优质的增值服务。

在Web2.0时代，网站的发展已经逐渐转向社区化。用户在社区中需要找到自己感兴趣的信息，其中既要有完美的信息储备，还要有明确的细分定位。这样一来，网站就需要有一个能够对社区内容进行搜索的引擎。奇虎以此为切入点，利用工具条插件进驻了几千个大型SNS社区。靠着“社区+搜索”的模式，奇虎很快就拥有了一大批稳定忠实的用户群体，而且还形成了一种独特的网络社区聚合文化，用搜索来的社区信息做一个不断更新的门户网站。奇虎总裁齐向东对此很谦虚地说：“这只是我的一个‘馊主意’。”

2006年4月，奇虎正式推出了名为“蜘蛛计划”的社区联盟方案，意在通过为各大网络社区提供搜索服务并且以销售关键字广告的方式进行分成获利。用户在参与了“蜘蛛计划”之后不仅可以提高自己网站的流量，还能够共享联盟成员之间共享的API（搜索代码），因此这项计划一经推出就吸引了很多SNS网站的加入。

奇虎既然做的是SNS搜索业务，那么它肯定也不会放弃SNS。2006年6月，人们发现MSN中国站的首页已经推出了“奇虎社区”频道，网民可以通过msn.qihoo.com这一域名来访问。至此，奇虎网正式取代猫扑网成为了MSN新社区内容合作的伙伴。

除了在搜索领域和门户网站上大展拳脚之外，奇虎还开始涉足安全领域。随着互联网的逐渐普及，一些不法的个人和机构开始通过木马病毒来盗取网民们的游戏账号等个人隐私信息来牟取暴利，严重危害了互联网的健康发展。因此，奇虎公司于2006年7月17日推出了360安全卫士，以查杀木马、防止盗号、完全免费的特点受到了全国网民的欢迎，截至2011年9月，360安全卫士用户已达3.78亿，占全国网民的88.5%。

这就是增值服务的力量，如果奇虎无法为客户提供新型的增值服务，那么它也不会受到客户的青睐。由此不难看出，增值服务对一家企业的重要性以及不可或缺性。

3. 增值服务为企业带来的优势

（1）避免价格战，这对民营中小企业十分有利。

（2）客户会因自己购买的东西物超所值而感到非常高兴，同时也会为企业进行免费宣传。

（3）在没有降低利润的情况下通过增值服务获得额外的利润。

4. 如何提供增值服务

（1）站在客户的立场上为客户提供咨询服务。

（2）为客户提供所需要的信息和服务。

（3）注重对客户的感情投资，比如逢年过节邮递卡片、赠送小礼品等。

（4）主动向客户寻求信息反馈并且提供所需要的服务。

（5）扎实地为客户做一些延伸服务，让客户不由自主地感受到你为他提供“服务”的超值。

（6）在业务和道德允许范围内，不妨为客户提供一些办理私人业务的便利。比如你在一家房地产公司工作，在同样档次的楼盘中一套你出售的房子均价是100万元，你可以给客户5万元的优惠，还可以赠送给客户一些装修或者家电之类的物品。而你提供额外服务的成本或许只是2万元，这样一来，你可以不通过降价就成交产品。

服务让企业获得客户的忠诚

要想使客户忠诚于你的企业，就要不断为客户提供优质的服务。而忠诚于你的客户是最值得拥有的客户。培养一位“铁杆”客户是需要花费大量的时间和精力等资源的，因此千万不要因为“服务不周”而使客户流失。

库存不足、订单处理缓慢、送货不及时、服务混乱等不良因素都有可能使你的客户流失，无论你是在国内做生意还是在全球范围内谈业务，这一点都要牢记。

为了与现在的客户保持并且加深已有关系，或者为了和新客户加深业务关系，企业除了要为客户提供高“性价比”的产品之外，还必须为客户提供一流的服务。当今社会，企业围绕客户展开的竞争手段层出不穷，任何一家企业都应该更多地思考为客户提供什么样的服务才能赢得客户的忠诚。这就需要企业具备成功的客户服务战略。但是，要想做到这一点并不容易，制定成功的客户服务战略是一件十分复杂的工作。

对于大多数企业来说，其实客户最关心的是能够在全国甚至是全球范围内随时购买、享受到同样品质的服务。然而，除了一些基本的要求之外，不同地区、不同目标的市场客户在使用产品的时候，对服务方面可能会有截然不同的需求。

正因如此，企业在制定客户服务战略的时候必须要考虑到客户差异性，而只有在这种差异性的基础上企业才能制定出一个成功的客户服务战略。以下则是制定客户服务战略的几个思路：

1．以客户为核心

企业应该了解客户最为关心的事物。成功的客户服务应该成为企业战略规划的一个重要组成部分。与主要的供应商深度合作，为客户提供各种他们需要的服务，最终使服务成为企业文化的一部分，这有助于企业销售业绩的提高，还能提高库存周转率并增加投资回报率。

为了成功地开展既定的客户服务战略，你必须要了解“二八法则”，即企业80%的业绩是由20%最重要的客户创造的，因此对这20%大客户，企业一定要尽可能地关注他们的期望，满足他们的需求。

2．提供超值服务

为客户提供超出他们期望值的服务就是一个成功的客户服务战略。为了成功实施客户服务战略，企业需要仔细地分析客户、客户群以及各主要目标市场，通过对上述群体的分析找到企业在产品以及服务方面的不足。这样做的最终目的就是为了给客户提供持续超出他们期望值的服务。以下是一些让客户感到服务“超值”的方法：

（1）让客户方便地与你交易。

（2）为公司建立网页并且开展电子商务，从而让客户可以方便地查询自己需要的信息，并且使用网上订购、项目追踪等方便快捷的增值服务。

（3）在代理商提供准确发货资料的基础上确保产品的品质、装货的速度以及相关的服务质量。

（4）帮助客户详细地了解各种规定，并且与他们分享企业主要供应商方面的信息。

3．保持弹性

企业在面对客户提出的问题时应快速、恰当地做出反应。这就需要企业保持足够的弹性，能够快速灵敏地处理客户提出的问题，同时这也是保证企业业绩持续增长的基本条件。

为了持续提升企业自身的客户服务水平，企业应该设法把自己与其他同样灵活的制造商与供应商捆绑在一起，与供应商共同制订发货计划，这能使企业充分调动自己的仓储资源来随时随地地满足客户的各种需求。

4．保持适应性

要想使企业的业绩持续增长，企业的领导者就必须要具备“以变应变”“以变促变”“以变求变”的战略性思维，并不断地调整自己的产品和服务来适应当地市场要求。

在当今市场上，客户会产生许多新的产品需求和服务需求。根据成功的经验，企业在引入新产品和服务的时候，必须要对当地及当地客户的需求保持适应性，才能培育并促进当地市场的繁荣与发展。

5．提供差异化价值

在产品同质化的今天，企业一定要注意建立自己产品和服务的差异性。要知道，价值＝利益－价格。根据这个公式，如果把“价格”作为衡量产品和服务的唯一标准，那么在产品“同质化”的市场上，客户基本上无法获得差异化价值。而如果没有体现在利益中的“差异化价值”，产品和服务就会变成遍地都是的“大路货”，这样一来，客户就无法衡量产品或服务的真实价值，也无法将各个商家区分开来。

为了创造差异化价值，企业应该通过合作来向客户和终端客户提供具体细致、可衡量的产品和服务。而有些常见的服务项目往往会被企业忽略，比如高品质的产品（或服务）；准时、完美的配送；超过客户期望值但又不增加成本的产品（或服务）；专业、高素质的后台支持人员；贴心细致的说明（或提示）。

6. 与客户密切交往

企业应该真正接近客户，深入地了解客户的真实想法，从客户那里获得各种有用的信息。成功的企业都善于从分销伙伴那里持续了解他们当前的想法以及关于未来的看法。平庸的企业只会用有竞争力的价格向分销伙伴供货来赢得客户；成功的企业则善于通过分销伙伴来向终端客户提供可靠优质的服务，并且从分销伙伴那里获得大量的市场情报，据此赢得客户的信赖与忠诚，从而确保企业可以持续保持成功。

成功的客户服务战略是不会自动形成的，它必须通过精密的规划、彻底的执行、全程的监控、不断的调整才能日趋完美。为了创建成功的客户服务战略和与之相匹配的高效组织体系，企业需制定并反复完善相应的管理流程，才能为客户提供真正优质的服务。

客户的未来是企业设计出来的

改革开放初期，国家为了发展经济大力引进外资。某洋品牌快餐连锁企业也看好中国未来的发展，与相关部门交涉后，派出工作组到中国做市场调研。相关部门对来访的企业代表非常重视，安排在中国最高档的宾馆住宿，聘请最好的厨师烹饪佳肴，竭尽全力以尽地主之谊。调查团回国后，给总部提交的调研报告描述道，中国餐饮文化博大精深，烹饪及用餐非常讲究，快餐文化下的垃圾食品为市场所不屑。

过了一段时间，总部领导还是不死心，觉得调研结果有问题，于是派遣第二个调研小组，悄无声息地来到中国，深入大街小巷了解市场需求。这次调研得出的结论是，中国餐饮市场基本处于无序竞争、不成规模、无标准且资源浪费的不良状态，规范化的餐饮服务绝对处于空白状态。如果发挥我集团整合能力，定能在中国取得巨大成功。

1. 准确调查客户的期望

客户调研是了解客户期望最常用、最准确的方法，从现在或未来的目标客户中，寻找有代表性的、普遍性的客户，通过问卷发放、电话访谈或面谈、行为观察等方法了解消费者对服务的期望。但是在客户调研的过程中，也会出现很多信息不准确的问题，主要的原因在于客户的差异性和不确定性。

一家中式快餐厅针对客户期望开展调研分析，调研的维度涉及食品卫生、口味、营养、环境清洁、员工仪容仪表等。调研结果显示，客户对这些方面的期望都很高。这份调研结果呈现在企业面前，和没调研没什么区别。

在某次返利活动或积分兑现活动之后调查客户期望，抽样的男女比例没有搞明白，在客户睡午觉或上班赶路的时候做电话调研，在调研之前就告诉客户会有礼物送给他们，都会造成调研结果的偏差。

"您是否期望我们定期推出新的服务项目？"100%的客户会给肯定的回答。"我们的服务价格是否符合您的期望？"至少80%的客户会给予否定的回答。如果你的调研涉及客户的切身利益，得出的调研结果是否有价值就值得商榷。

2. 分析客户未来的期望

2000年年初，上海推出了分时电价，晚上22点至早上6点的电价便宜，其他时间贵一些。某家电厂商听到这个消息后，意识到精明的上海人一定会有白天使用电器而消耗晚上的电能的需求。经过分析，有一些家电实际已经具备了这样的特点。于是将卖点重新提炼，立即制作POP（Point of Purchase）并召开信息发布会，第一个正确抓住了客户的期望。

如果全社会能源供给持续紧张，价格持续上涨，节能产品的需求就会进一步加大，变频的空调、冰箱，能效等级高的家电产品就会成为主流产品；如果生活节奏加快，洗衣做饭等生活琐事就会被社会上的商业服务机构所替代；独自在大城市打拼的独生子女生了孩子，月嫂就一定成为高薪行业。客户是社会中的客户，正确的客户期望的发展是与社会的发展相吻合的。

20年前，中国人自己也开始做可乐了。但是这些国产可乐寿命不长，几年之后就纷纷消失了，唯独娃哈哈的非常可乐一直活跃在市场中。为什么非常可乐能活20年？因为它避开了可口可乐和百事可乐所占据的城市市场，转而进军农村市场。中国的农民什么时候喝可乐？不是在平时，而是在过节的时候和婚丧嫁娶的时候才会喝可乐。中国人过年回家图的就是过年团圆的气氛，就要喝点特别的东西，要么喝点好酒，要么喝点可乐。所以非常可乐的广告在天越冷时做得越热闹，终端销售渠道越是到春节就越囤积货物。

3. 创造期望的聪明人

纵观各大时尚媒体，每到2~3月和9~10月，就会出现铺天盖地的世界四大时装周报道，数不清的帅哥美女，看不过来的大牌设计。这是每年时尚界的最高兴奋点，全球顶级时装设计师带着他们倾注的心血高调亮相。他们是全球最新服装潮流和流行趋势的风向标，揭示和决定了当年及次年的世界服装流行趋势。

客户对流行时装的期望从哪里来？不是从自身需求，而是从四大时装周的发布会现场而来。设计师设计的是什么，未来两年的时尚人士期望的就是什么。周围总有这样一些人，他们站在社会发展的最前沿，对新事物充满开拓精神，敏感地捕捉生活中的因素并创造新的理念，这些人就成为客户期望产生的源头。市场营销人员通过与这些人或机构的长时间接触和对他们的观察，可以预测未来客户对服务或产品的期望，从而开辟一个全新的市场。

服务的最高境界是人性化

服务行业有一个原则，即“客户就是上帝”。一线服务人员是与客户打交道最多的一个群体，当然也应当对客户有着最为全面的了解。客户是企业的衣食父母，客服人员作为服务业的群体之一也应当全心全意为客户提供周到的服务。客户的满意不但能够让双方的关系得到提升，更有利于凸显出客户的重要意义和深度价值，让对方期待第二次的合作。

在公司发展过程中，客户是一个重要的资源。公司与客户的关系实际上是一种前者依附后者的关系，公司是因为客户的存在而存在，所以，为客户提供高质量、人性化的服务是客服每天必需的工作内容。“服务”这个词是经常被强调的，然而什么样的服务才是最好的服务呢？这要根据服务的本源来决定。

客服为客户提供相应的服务，其目的是与客户达成一致的协议，并使自己给予客户帮助的这个过程尽可能的轻松愉快些。优质的服务和劣质的服务是有差别的，其区分依据是：前者能够带给人一种轻松、愉悦、快捷、方便和自然之感；而后者则更像是笨拙的举动，客人即便是接受了客服的服务，但是在这个过程中却常常感到不明就里，觉得对方的一些行为是自己所无法接受的。由此可见，只有从客户的角度来进行设计的服务才属于人性化的服务，它能够将自然舒适的感觉带给客户。

一直以来，服务业最常提及的一句话是："全心全意为客户服务。"但是，全心全意是针对员工来说的，而客户则不一定能够感受到百分之百的满足，也就是说，你的全心全意很有可能因为对方的不理解而变成了一相情愿的付出。这种说法毫不夸张，有的服务流程的过程要复杂于电脑程序，客户虽然手拿详细的服务细节说明书，但是却要花费很多的时间去理解，结果往往产生思想上的分歧，反而达不到服务的效果。

事实上，客户最希望的服务模式并不是公司设计出来的所谓的典型模式，而是一种适合于自己的、预想中的服务方式。本着人性化的原则，公司在为客户提供服务的时候，一定要考虑到他内心的真实愿望。做个最简单的比喻，客户更希望自己所接受到的服务迅速而面面俱到，他们希望服务变成摆放在床头的伸手可及的台灯，当他希望看到整个屋子的时候只需要轻轻按动开关即可，不费事不费力也不用费心思。

“人性化”“以人为本”等这样的字眼，更多地体现出一种重视人性、尊重客户的服务理念，当然，我们可以理解为——人性化的服务本质是一种安排在先的、积极主动的服务行为。它与救火式的服务截然不同，与其用“以备客户所需”来形容人性化服务，倒不如用“已备客户所需”来形容。微软广告将这种人性化服务描述得非常形象，即“所见即所得，所想即所得”，这种想要什么就有什么的服务是最上乘的、最受客户青睐的服务模式。这种模式与传统的“我们提供什么，客户才能拥有什么”是不同的，它包含了超前的、积极主动的因素。这类服务简单且方便，能够获得更多客户的满意，在某些情况下他们甚至是在浑然不觉的情况中就体验到了服务的绝妙之处。

心理上的基本愿望得到满足是人们自我追求的目标之一，然而“满足”却是一个极其抽象的词组，它没有特定的、具体的标准，所以，企业应当将不断满足客户的愿望作为奋斗目标，在发展过程中不断创新、不断超越。从前那种“服务达标”和“服务合格”的自我评判模式已经不适用于当今服务业，取而代之的将会是“人性化的客户服务”和“不断深化客户满意度的服务”。这种服务趋势的到来已经成为必然，跟上它的节奏和方向，将自己公司的发展战略和服务目标明确下来，方能够在激烈的竞争中保持优势，立于不败之地。

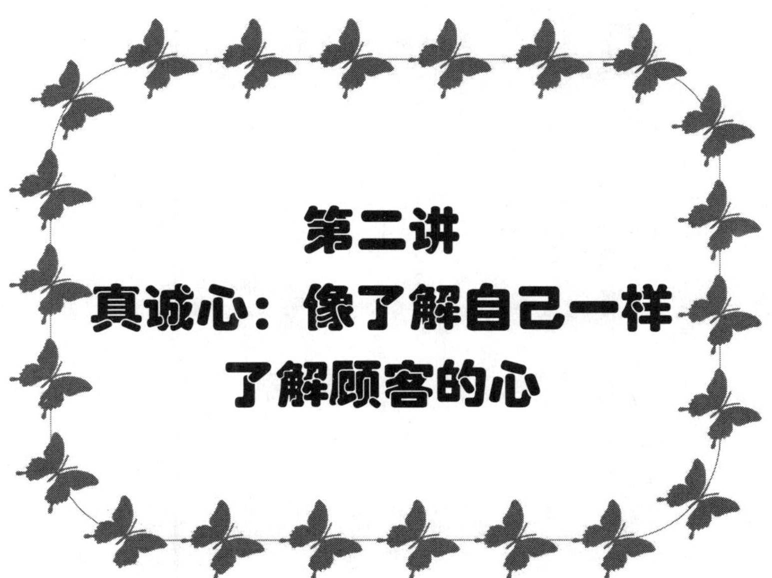

第二讲

真诚心：像了解自己一样了解顾客的心

IBM：从卖设备到卖服务

IBM 公司于 2006 年 10 月 27 日宣布在中国推出第一条 IT 服务产品线——“网络服务”，其最终目的在于帮助企业构建适应业务需求的企业网络。此举意味着 IBM 的“服务产品化”转型战略在中国正式开启。在“硬件同质化，软件规模化”后，IBM 继续用“服务产品化”帮助陷入泥潭的中国 IBM 冲出困境，走向新生。

当 IBM 无法从单纯的硬件上再次获得利润之时，它就开始到处买软件公司，并把硬件、软件打包进服务，如今的卖服务成了它的战略新品，这怎么能不算是 IBM 的一大创新之举呢？

在从卖设备到卖服务这一转变过程中，IBM 员工感慨颇多。IBM 有一位员工这样说道：“以前我们丝毫不用担心饭碗问题，每天需要做的只是按时去上班，卖设备就能获利颇丰，但是，后来我们发现钱越来越难赚了，万般无奈之下只能寻找新的利润增长点，这就是卖服务。”IBM 2008 年第一季度财报就是对这番话的最好证明；服务业务收入增长 17%，达到 146 亿美元，占公司总收入的一半以上；软件收入增长 14%，达到 48 亿美元，占总收入 20%；而硬件收入则直线下降，下降 7%，仅为 42 亿美元。在美国经济受次贷危机影响而下滑之时，IBM 服务业务利润的强势增长给了投资者极大的鼓励。

无论是在制作流程上，还是在服务上，IBM始终随着市场的发展而做出改变。

从卖大型机、服务器到打包产品卖服务，在推动中国现代金融业发展的同时，IBM自身也在不断适应市场的变化，其目的就是为了能够与客户建立更加密切的联系。其中IBM较为创新之处就是打包产品卖服务。当然事实也证明了，服务使得IBM走向了成功。

当然，服务也不是一成不变的服务，服务也需要创新！服务创新是指新的设想、新的技术手段转变成新的或者改进的服务方式。

从经济角度来看，服务创新是指通过非物质制造手段所进行的增加有形或无形"产品"之附加价值的经济活动。这种活动在信息产业表现得尤为突出。信息技术飞速发展，使得产品技术和功能的同质化水平越来越高，通过提高产品质量、降低产品生产成本来竞争的空间越来越狭窄，因而服务成为企业进行市场竞争的重要武器。

从技术角度来看，服务创新是以满足人类需求为目的的软技术的创新活动。这种活动可分为围绕物质生产部门的管理、组织、设计等软技术创新活动，围绕文化产业、社会产业的推动社会和生态进步，丰富精神生活的软技术创新活动，以及围绕传统服务业和狭义智力服务业的软技术创新。

从社会方面来看，服务创新是一种社会活动，它能创造和开发人类自身价值，提高和完善生存质量，改善社会生态环境。所以，服务不仅满足了人们的各种需求，而且还能提供解决问题的能力，充分保障人们的精神和心理健康，使人们感到满足。就传统技术来说，它们一直把"人心"排除在外。随着经济的不断发展和物质文明程度的不断提高，人们更在乎生活的感觉，更希望自己各方面都能得到尊重。人类的种种需求要求人们未来的技术不能只强调效率和效益，还要研究和发展那些让人们的生活和工作环境变得更容易、更舒适、更方便，人们各方面能得到尊重的技术，也就是重视“人心”的技术。另外，因为人们并不能充分认识自身价值和能力，所以它就成为使很多硬技术“软化”和制造业服务化的动力，同时也是提高软技术附加价值的重要内容。可见，服务创新变得尤为重要。当然，体现最为明显的行业是社会服务业和文化服务业。

从方法论方面来看，服务创新是指开发一切有利于创造附加价值的新方法的活动。其方法可分为很多方面，如围绕物质生产部门软技术创新活动，围绕文化产业、社会产业的丰富精神生活术，围绕传统服务业和狭义智力服务业的软技术的创新。也就是说，服务创新是指“发明创造或开发应用新的服务方法、服务途径、服务对象、服务市场的活动”。

服务创新应把握好以下几个方面：

1. 把注意力集中在对顾客期望的把握上

商家在市场中最不缺少的就是竞争对手。商家不需要变着花样来改变产品，而应当把注意力放在对顾客期望的把握上。对于顾客所反映的问题以及提出的修改意见，商家一定要认真听取。

2. 善待顾客的抱怨

如果得知顾客不断抱怨，商家应当明白自身的产品或者是服务肯定存在缺陷，应当加以改进。另外，商家应当将顾客的抱怨看作是创新服务的好机会。当然，进行服务创新最基本的策略就是通过耐心和关怀来解决顾客的问题。

3. 服务要有弹性

企业的服务对象是非常广泛的，因为不同的对象有不同的期望和需求，所以其服务必须要保持一种弹性。在服务中，因为很多东西是难以衡量的，而且也难以做到精确，所以如果一味苛刻要求，只会适得其反。

4. 企业员工比规则更重要

创新就是打破旧的格局，创造新的格局。其中最有效的策略就是向现有的规则挑战，而挑战的主题就是人。通常来说，顾客评价企业服务品质的基础是他们同服务人员打交道的经验。

5. 用超前的眼光进行推测创新

正是顾客的需求在不断推动企业服务质量的提高。当人们的生活需求只是解决温饱问题的时候，他们的需求模式较为统一和单一。随着经济的不断发展和生活水平的不断提高，人们的消费需求也在从低层次向高层次递进，从简单稳定向复杂多变转化。当然，这种转变也表明人的价值观念在不断发生变化。

6. 产品设计和体现的服务要与建立一揽子服务体系结合起来

产品设计的开始就意味着服务设计的开始。因为产品在很大程度上都体现在服务上，所以在设计产品过程中，一定要把顾客的需要体现出来。在产品设计中体现服务是一种未雨绸缪的创新策略。企业如果想提高顾客的满意度，就需要建立系统的服务体系，而且需要对体系中的服务项目不断创新。服务的品质是一个动态的变量，如果想要保持服务的品质不出现下降，各方面必须要做到不断创新，如售前的咨询、售中的指导、售后的培训……

7. 把“有求必应”与主动服务结合起来

不同的企业对服务有不同的理解。在现实生活中，很多企业对服务的定义过于狭窄。他们甚至认为餐饮业的服务就是笑容可掬；设备销售企业的服务就是“保修”；而银行的服务就是快捷并不出差错……这些狭隘的理解只是把服务限制在了有求必应的阶段，并不是主动满足客户的需求。在激烈的市场竞争中，如果一个企业想要成功，不仅要对顾客“有求必应”，而且在各方面都应实现创新，对顾客的需求实现从被动适应到主动关心的转变。例如，有些国际商用机器公司认为，公司的发展离不开顾客和市场，而在这两个因素中，顾客更为重要，所以他们主张把公司的一切交给顾客支配。他们期望通过满足主动探求顾客的需求来实现公司的快速发展。

8. 把无条件服务的宗旨与合理约束顾客期望的策略结合起来

如果想要为顾客提供一流的服务，企业应当不遗余力地满足顾客的需要，无条件地服务顾客。然而，这并不意味着在各方面都是绝对的，而是需要决策具有灵活性，做到合理约束顾客期望。在评价企业服务质量的时候，顾客都会受到其期望的影响。如果他们的期望超过了企业提供的服务，那么他们就会感到不满；如果企业提供的服务超过了他们的期望，那么他们就会感到非常满意。因此，当企业在做广告或者是其业务员在对顾客讲解的时候，一定不能夸大承诺，否则可能就会导致顾客有过高的期望。另外，在对顾客进行服务的时候要尽量超出顾客的期望，将无条件服务的宗旨与合理约束顾客期望相结合。

9. 把企业硬件建设与企业文化结合起来

在市场竞争中，服务行业也要充分利用现代科技，对企业的基础设施进行投资，这不仅增加了产品的种类，而且提高了企业服务效率，进而在企业竞争中占有较大优势。

虽然我们已经向短缺经济时代挥手告别，进入了买方市场时代，但是短缺经济时代对商品质量的关心逐渐成为一种思维惯性，被带到了买方市场时代，商家能够在第一时间内处理质量投诉，提供十分周到的维修服务，成了媒体表扬某个厂家服务是否做到位的永恒话题。在舆论的误导下，消费者对服务的认识存在这样一个误区，将"售后维修"当成服务的唯一内容。即使一些技术实力较为雄厚的厂家也不在提高产品质量上投入精力，而是选择在如何保证售后维修服务上狠下工夫，且美其名曰"打服务牌"。实际上，这种服务的概念被异化了，完全脱离了它的本来意义。由质量问题引起的维修从本质上而言，不是"服务"，而是"干扰"，我们目前还不能将这种"维修"从根本上加以剔除，但它既不是消费者所需要的真正服务，也不是厂家所追求的正确的服务方向。因此，服务创新应走出这一误区，树立"大服务"的真正概念。

在服务的过程中，为顾客提供服务的主体是企业的员工，而高品质的服务来源于企业的员工对顾客的尊重及恰如其分的个性化服务等因素的结合。对于企业而言，为顾客提供优质的服务是促使员工向顾客提供优质服务的基础，在他们舒心满意的基础之上，才更有可能为顾客提供完美周到的服务。

不管你是否面对这样一个现实，如果除去服务和文化，究其本质——可口可乐不就是卖糖水的吗？肯德基不就是卖炸鸡的吗？……全世界能够生产和叫卖这些产品的企业何止千万，但是，一个不容置疑的事实却是，为什么只有他们成功了呢？这就应了 IT 行业那句老话——"三流企业卖产品，二流企业卖服务，一流企业卖文化"。

在近年来的发展中，像 IBM 一样卖服务和文化，已经成了很多企业的奋斗目标，把服务作为战略新品，IBM 还有很长的路要走，还有很多未知的困难需要面对。从 IBM 公司服务产品化过程中遇到的问题出发，以服务外包化、服务产品化、服务精细化、服务公共化为标杆解决实际问题，从

企业组织结构、人力资源、服务模式、企业文化四个方面采用渐进式部署，也许就是IBM未来的战略，让我们共同拭目以待吧！

及时服务，别让客户等得太久

当代生活是快节奏的，时间对于每一个人来说都是十分珍贵的，时间就是金钱。客户服务人员在为客户提供优质服务的时候，不仅要重点考虑服务的内容，也要重视服务的时间，即能否及时有效地为客户提供服务。

一位顾客讲道：一天上午10点左右，我到我们家楼下的某国有商业银行的一个营业点去交手机话费，当我拿到等待单时，上面显示在我的前面还有7位客人，心中暗自庆幸等待的人并不多。于是，我便坐下，耐心地等待叫我的号码。百无聊赖的半小时过去了，可是，我听到的号码离我还有6位客人的距离，诧异的我开始认真观察柜台员工的工作，这一看让我彻底失望了，我估计按照她的效率，到下午下班时间轮到我的可能性都不大。于是，我上前试图与她做一个沟通，面如冰霜的她头也不抬地说，一边等去！无奈和无助的我又耐心地等，等啊等，一小时过去了，我的前面还有4位客人在等待服务。这位员工不仅仅是服务效率低，更可怕的是在她那里，没有公平和公正，面对部分客人的“加塞”，她置若罔闻，不但不加制止，还用她的默认助长这种行为。如我一样等待了很长时间的客人愤怒了，我们一起向该营业点的经理投诉，让我们啼笑皆非的是，她似乎对经理的话也不放在心里，依然我行我素。难道是因为她的服务就这个水平，这样的投诉和批评对她而言已经太多，以致麻木了，习惯成自然了？

还是她自认有天大的“靠山”，谁能奈我何？带着极大的不满，我离开该行，到了一街之隔的另一家银行拿了等待单，哇！我前面还有 8 位客人等待服务，又会是怎样呢？怀着忐忑不安的心，我坐了下来，嘿，神了，只等了 4 分钟就轮到我了。两相比较，出于对前面银行的热爱，我打了该银行的投诉电话，目的只是希望他们能够改善服务效率，缩短客人的等待时间，提升客人的满意度。接线员非常客气地听完我的讲述，然后承诺 48 小时给我一个答复。无数个 48 小时过去了，我的投诉如石沉大海，我不明白，银行的领导和员工想过没有，在加入 WTO 后的今天，在政府对银行业的扶持越来越少的情况下，这样的服务能够支持企业的明天和未来吗？如果企业没有了明天，我们的员工将会怎样？

在工作中，作为提供服务的人员，不仅要重视“给客人提供了什么样的服务”，还要考虑让客人怎样感受你的服务。不管服务者提供多少的服务，客人觉得不满就算服务失败。相反，如果有一点技巧，做起来并不很费劲却也能减轻客人的不快感就算成功。设想一下，在某饭店前台周围的情形，傍晚 5 点左右，是最拥挤的时间，前台柜台前排着成队的客人，可前台员工只顾招呼眼前的客人。不管是谁，一律要等，这绝不是一件愉快的事情，光是等本身，就已让客人陷入了不快的心境。要是这时候，前台员工的表情和态度上表现出“没看见这么忙吗？有什么办法”，“这个时间段里，等是当然的”之类的情绪，效果会是如何呢？实际上可能只等了 1 分钟，客人却会感到让他等了 5 分钟甚至 10 分钟。这就是“精神上的等待时间”。所以，让客人等待时，一定要特别留心怎样减轻客人“精神上的等待时间”。为此，应向客人传送“让您久等，很抱歉”的信息。比如“让您久等，我们心里很过意不去”“您能等待我们，从心里感谢”等。当然，我们还可以通过以下的方法缩短客人的心理等待时间。如开辟客人等待区域，在此

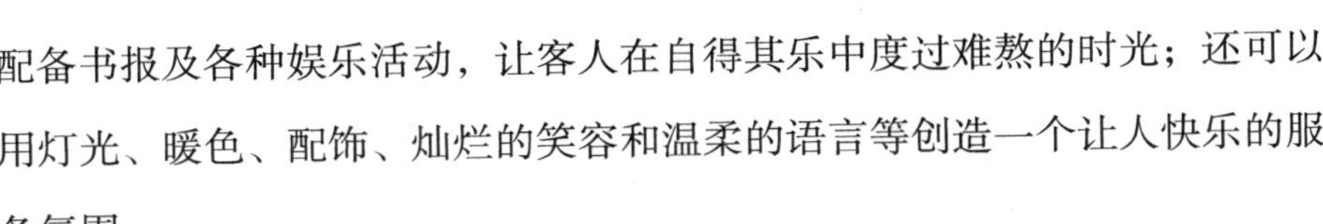

配备书报及各种娱乐活动，让客人在自得其乐中度过难熬的时光；还可以用灯光、暖色、配饰、灿烂的笑容和温柔的语言等创造一个让人快乐的服务氛围。

享誉世界的奔驰汽车公司以服务作为自己生存和发展的根基。奔驰汽车公司在客户服务方面一直保持着高度标准化的要求，尤其在即时性服务方面，奔驰汽车公司的做法值得我们学习和借鉴。

为了方便客户，奔驰汽车公司扩大了服务业务站点，加大了管理力度。现在，奔驰汽车公司在全世界有5000多个销售和维修服务网点，在欧洲等发达国家的营业网点就多达2700个。在德国，奔驰汽车公司起用了由56000人组成的强大的销售服务团队来负责轿车的维修和养护工作。让人感到非常满意的是，在德国的公路上几乎平均不到25千米就有一个奔驰汽车公司的特约服务站。高级轿车需要加倍呵护，奔驰汽车公司提供了全面的服务项目，从货源到输出系统以及咨询系统都做得让人无可挑剔，近乎完美。

奔驰服务站的员工也很熟练，技术精湛，许多服务项目都能用很少的工时完成。当发现车辆有损耗需要更换配件时，他们会及时通知车主，让客户拥有参与、决定权。当奔驰的客户在行驶中出现事故和故障时，车主只需拨一个电话，服务人员就会在最短的时间内出现在客户的面前，即使是客户的过错产生的责任，奔驰汽车公司的服务人员仍然会保持很高的热情为客户服务。

有一个客户驾驶奔驰车出国办事，轿车突然出现了故障，停在邻国一个偏僻的地方。客户在无奈中给奔驰汽车公司的服务站拨了电话。几个小时后，奔驰汽车公司的维修人员乘坐一架小型直升机赶到了邻国的事故地点，并且没有收取这个客户任何费用，相反，真诚地向他道歉："是我们的错，我们没有把工作做好，以致出现故障，我们应该提供无偿服务。"

为了更有效地为客户提供即时服务，奔驰汽车公司规定了以下体现即时性服务的措施：

员工或服务人员在2小时内给客户答复，如果是复杂问题，最迟不能超过4小时，并做好登记。

汽车维修站的工作人员必须在5分钟内换好轮胎；10分钟内完成动平衡检测。

汽车维修站的工作人员在接到客户要求维修的电话通知后，必须在一个小时内到达客户要求的地点。

财务人员必须在30秒内为客户开出发票。

英国著名学者培根说：“一件事做得太慢，费时太多，无异于一件东西买得太贵。”现代人整天过着快节奏的生活，人就变得特别浮躁，你的服务稍微慢了一点，在客户的眼中就会显得慢了很多。所以快速准时的服务是非常重要的。

2003年2月13日，某航空公司大连至北京段航班。当飞机平飞后，在头等舱工作的乘务员到普通舱帮助送饮料。4F客人宓先生叫住这位乘务员反映有其他客人的行李挡在他的座椅旁边，影响自己出入。该乘务员将箱子放倒，并告诉宓先生她马上找行李的主人。宓先生没有同意，希望她马上将箱子移开，但该乘务员没有满足客人的要求，还是到后舱寻找箱子的主人。等她带着箱子的主人韩女士一同到宓先生处，乘务长已经在处理此事，并将宓先生旁边的行李移至公务舱。韩女士向宓先生表示歉意，说明箱子里有花瓶和香水等易碎物品。此时，宓先生对乘务员意见很大，认为她没有及时为他解决问题。在后来的一些接触中，她的解释也没有让宓先生满意，导致客人投诉。

现代社会中，快节奏的生活给服务提出的要求之一就是要做到迅速、及时地解决客人面临的问题。缩短客人的等待时间是服务人员让客人满意的基本要求。

客人等待时间是指客人在等待服务时，等待服务人员为其提供服务的时间。这一时间有两个概念，一个是实际的等待时间；另一个是客人的心理等待时间。对于实际的等待时间，我们可以从提高服务效率方面加以改善：一是合理设置服务流程，尽可能减少不必要的程序；二是经常性的开展服务竞赛，提高服务人员的工作效率；三是提倡快速服务。对于心理等待时间，由于它是一种心理感受，这种感受因人、因时和因事而有非常大的差别。有时候，你的服务时间非常短，但客人却认为服务太慢；而有时候，由于等待的客人较多，服务的时间很长，但客人们却毫无怨言。这是为什么呢？我们应该用心理学的观点来看待和分析客人的心理等待时间。按照心理学的观点，人在快乐、祥和、温馨的氛围里，常常能保持幸福的感觉，具有幸福感的人常常认为时间是很短暂的。所以，企业应该通过自身的服务让客人在等待时有快乐、幸福的感觉。

真诚——沟通心灵的“钥匙”

在人际沟通中，微笑是一把万能的钥匙。它不仅能将人的内心打开，而且还会使周围的气氛变得更加融洽。微笑有强大的作用，能使陌生人感到亲切，使朋友感到安慰，使亲人感到愉悦。微笑象征着仁爱，同时也是与他人亲近的媒介。企业工作人员在给顾客提供服务的时候，如果能够面带微笑，瞬间顾客就会有宾至如归的感觉。另外，生活中也需要微笑，它会拉近人与人之间的距离。

古老而文明的中国人充满了许多处世的智慧，有这样一句格言：“笑脸通神，恶脸不开店。”在服务他人的过程中，如果能够做到真情、真心和面带微笑，那么一定会有意想不到的收获。微笑是一种非语言的心意沟通，是一种世界通用语言。如果以微笑待人，那么整个社会就充满了和谐。

德国的汉莎航空公司堪称是微笑服务的典范。在客人上下飞机的时候，空姐都会面带微笑点头迎送；在客人熟睡的时候，她们会微笑着关灯、盖被子；当客人用餐结束后，她们会微笑着接回餐盘。这种微笑服务贯穿于飞行的全过程。总之，正是她们这种始终如一的微笑服务，赢得了世界各国乘客的好评。

微笑服务有很多好处，例如，它可以帮助服务人员及早捕捉到服务工作的切入口。其实，做服务工作的难点不是如何去满足顾客的需求，而是不了解顾客到底需要什么。其实这只有在出现问题的时候才能真正了解到。当然，服务的质量在此时才能得到充分的体现。微笑服务可以拉近服务人员与顾客之间的关系，当顾客遇到困难的时候，他们会毫无顾忌地提出来，当然这也有利于工作的开展。顾客之事无小事。貌似非常小的一个问题，但是如果得不到及时地解决，很可能就会演变成一个大的问题。例如，客户在就餐的时候发现饭菜都不合自己的胃口，如果此时服务员表情冷漠，那么顾客换菜的念头很可能就被打消了。没有吃好的客户不仅会感到胃不舒服，而且还可能产生坏情绪。这种情绪是极易影响他人的，最终也会对企业产生影响。

微笑可以帮你改善你的人际关系，即使你的人际关系已经很糟糕了，也同样有效！纽约证券交易所的斯坦哈先生是位饱经世故、聪明果断的股票经纪人，可这并不代表他在处理人际关系上也同样出色。直到他得到卡耐基的帮助，他的生活才彻底发生了改变。下面这封信就记录了斯坦哈这

一改变的过程。

我结婚已经有18年了，这些年来，每天早上这段时间我都难得对我太太微笑，而且说的话也非常少。因为您告诉了我微笑是非常有魅力的，所以我决定实践一下。在第二天早晨我梳头的时候，看到了自己紧绷的面孔，我就对自己说："比尔，从现在开始你就松开这张脸，尽情地展现你的笑容吧。"

随后，我就坐下来吃早点，而且轻松地笑着向太太说："亲爱的，早安！"

您之前曾经帮我设想过她听到这句话的反应，说是会很意外。事实上，您还低估了微笑的价值——当时的她，简直是处于无意识状态，整个人都愣住了，我明白，这是因为她太高兴的缘故。的确，这是我太太一直期望的。所以，从那之后我就下定决心一定要坚持做下去。仅两个月，我们家的生活就变得跟以前很不一样了。

而在上班的时候，我也开始对他人报以微笑，即使是陌生人也是如此。不久之后，我发现每一个见到我的人，都会向我投以一笑。而对于那些经常向我倒苦水的人，我用极其关心的态度来聆听他们的不平和挫折，久而久之，他们的烦恼通常在很短时间就会消失。

慢慢地，我发现身边有越来越多的朋友。我享受这种感觉。微笑不仅给我带来了极为丰富的物质财富，而且还为我带来了一种无形资产，即良好的人际关系。

经常微笑的人表现出来的是一种豁达的精神风貌，是一种良好的心态。只要保持微笑，你就能拥有良好的人际关系。即使你的人际关系已经很糟糕了，微笑一样可以改善它。微笑是化解迷惑、猜疑、增进心灵沟通的感情大使。善意的微笑、会心的微笑、真诚的微笑，是向别人传递一种友好的信息，可以为你创造更多的机会，得到更多人的喜欢和爱护。微笑代表着一种对人的关怀，当你对别人面带笑容时，彼此之间的距离刹那间就消失不见了。微笑是福，微笑是金，经常对别人保持微笑，会给你带来良好的人际关系。

许多成功的人，是因为他的魅力、个性和亲和力。而个性中最吸引人的就是那亲和的笑容。行动比语言更具说服力，一个亲切的微笑告诉别人：“我喜欢你，你使我愉快，我真高兴见到你。”

笑容也许是世界上最难以抗拒和具有很强感染力的表情，当你向他人投以一个微笑的时候，不管是发自内心的，还是虚伪的，对方都会自然而然地回馈给你一个微笑。你也许会发现一个现象，在电影院中看一部喜剧片比独自在家看同样的电影更容易发笑，这充分证明了笑声的感染力。在群居生活时，发笑的次数是独处时的30倍。喜剧片中的“笑料”其实并没有增加，你在电影院中发笑次数多的原因大多数是由于受到影院中其他人的影响。换句话说，你的欢笑是被他们感染的。

笑容还能够帮助我们建立美好的两性关系。在一个宴会上，有许多美丽的女士出席。一位幽默的男士，用尽浑身解数，不断地做鬼脸、讲笑话甚至做出各种怪异的动作，引得在场的女性一阵阵大笑。可奇怪的是，男士们好像对于这种“伎俩”毫无兴趣，而且许多男士做出了鄙夷的身体动作。在随后的调查中我们发现，大多数男性在那晚之后，都对这个幽默的男士抱怨不已，认为他仅仅是低级趣味。但对于女性产生的作用却不同，大多数的女性希望找到一个能让她大笑而且具有幽默感的男性。笑是人类刚刚诞生时遇到危险后的反应，如果一个女人经常被男性逗笑，那么会让她潜意识的最深处产生一种安全感。

微笑能够让我们获得很多好处，可以更好地维护朋友之间的关系、增加魅力，延长会谈的时间，取得意想不到的会谈效果。微笑还能让身体永远保持良好的状态，使我们形成一种乐观开放的性格。可以说，微笑是上天赐予我们的最珍贵的能力，在服务工作中我们要学会运用这一能力。

真诚微笑，从我做起

在一本介绍世界名模辛迪·克劳馥的书中有这样一句话：如果女人出门时忘了化妆，最好的补救方法就是亮出你的微笑。可见，世界上最好的化妆品是微笑，你应该经常微笑。

在工作中，微笑可以表示友好、愉悦、欢迎、甜美、满意，也可表示赞赏、请求、领会、乐意，还可以表示谢意、致歉、拒绝、否定。微笑是善意的表示，是员工对客服务中赢得客人的最重要的语言。

在巴黎的许多商业和服务机构里面，通常都用心形贴着这样一首名为《微笑》的诗：

微笑一下并不费力，但它却能产生无穷的魅力。受惠者变为富有，施予者并不变穷。它转瞬即逝，却往往留下永久的回忆。富者虽富，却无人肯抛弃。穷者虽穷，却无人不能施予。它带来家庭之乐，又是友谊的绝妙表示。它可使疲者解乏，又可给绝望者以勇气。如果偶尔遇到某个人，没有给你应得的微笑。那么，将你的微笑慷慨地施予他吧。因为，没有任何人比那不能施予别人微笑的人更需要它。

在工作中，工作人员的微笑就是在向顾客传达尽心为他们提供服务的信息。如今，很多公司已经对员工提出了具体的微笑要求，如泰国的曼谷东方大酒店要求员工在微笑的时候露出八颗牙齿；新加坡航空公司的员工在练习微笑的时候是用纸张遮住鼻子以下的部分，让眼睛显露微笑；携程网公司的电话预订中心墙上贴着一幅幅预订小姐微笑着接电话的宣传画，上写“听得见的微笑”……

某公司的业务经理苗先生，在一段时间内特别不走运，无论做什么事情都不顺心。有一次，苗先生奉公司上级领导之命前去某市，但是因为天气原因，飞机晚点了。当他到达饭店的时候已经是晚上10点，心情真是糟透了。

等他刚要从出租车上下来，没想到车门已经被打开。他发现，一个英俊高大的门童已站在车门前，一面为他护顶，一面微笑着向他问候：“先生，您好。欢迎光临！”

看到门童面带微笑地为自己拿行李，他感觉自己的心情瞬间好多了。因为在门童的微笑中，他感受到自己是被重视和受欢迎的。他相信，当他走到大厅的时候，会有更多的微笑迎接他。

微笑是礼貌服务的核心。企业员工只有面带微笑地为客人服务，才能让顾客感受到自己是受欢迎的。所以，微笑是服务行业对员工最基本的要求，是礼貌服务的核心。为使员工能够在服务过程中为客人提供令人愉悦的微笑，企业应拿出时间和精力组织各种关于微笑服务的培训活动。不过，微笑应适度。当微笑运用得当的时候，会对客人表现出欢迎和善意；但若不合时宜，则可能让客人倍感尴尬和不愉快。所以微笑应适度，也应分场合和时间。

为了使微笑服务真正令顾客满意，某饭店管理人员还专门通过各种方式来考核微笑服务的效果，如日常检查和征求客人的意见……

当管理人员进行日常检查时，发现员工的微笑服务非常到位，但是在征求客人意见的时候，客人对饭店员工的评价却是："你们这儿的服务员都是冷美人，没有几个真会笑。"

管理者经过深入的调查和分析后发现，由于管理者在检查中以一种严厉的态度对待员工，一旦发现员工没有微笑就当场开违纪单，员工便只得对管理者微笑，因此感到非常压抑，为了缓解压力和不舒服的感觉，就将管理者对待他们的这种态度转嫁到了客人身上。

为了解决这个问题，饭店还专门开展微笑服务研讨会。他们认为凡是要求员工做到的，管理者也应当带头做到。这样，在饭店中，不仅员工做到了对客人微笑，还要对同事保持微笑。

此后，当饭店再次征询客人意见时，客人的反映是服务员变得漂亮起来了，她们不再是冷美人，而是会笑的"解语花"。

其实微笑并不困难，但是如果不是发自内心的微笑，那么，往往做不到恰如其分，特别是在员工自己遇到一些难题的时候。但无论如何，员工都应当微笑迎接客人，成为与客人沟通到位的"微笑大使"。他们不仅是企业自身的象征，也是服务行业的象征，所以希尔顿集团的创始人康拉德·希尔顿在巡视各地的希尔顿饭店时，问得最多的一个问题就是："你今天对客人微笑了没有？"他意味深长地说："请你们想一想，如果饭店里只有一流的设备而没有一流的微笑，那么客人会认为饭店提供了他们最喜欢的东西吗？任何饭店如果缺少服务员的美好微笑，正好比花园里失去了阳光与春风。假如我是客人，我宁愿住进那虽然只有残旧地毯，却处处见到微笑的饭店，而不愿意走进只有一流设备而不见微笑的地方……"他要求员工，无论多么辛苦劳累，当面对客人时必须保持微笑。

从了解客户的个性开始

要想成功地为客户服务，就要深入地了解客户。因为每一位客户的个性都不同，所以他们的需求也不同。每一位客户都是抱着某种需求才走进商店的，因此，服务人员要尽快了解客户的真实需求，这样才能为客户提供最满意的服务。然而，客户的需求来源于他们的想法，而非服务人员的想法。不同的客户由于需求不一样，所以会产生不同的购买行为，会购买不同的产品，选择不同的服务。基于此，在做完产品和服务展示之后，服务人员有必要运用一些方法揣摩客户的个性，找出客户真正的需求。

那么，如何才能了解客户的个性，进而知道他们的真正需求呢？服务人员可以采取以下几种方法：

1．观察购买信号

服务人员可以通过观察客户的动作与表情来洞察客户的个性，然后判断顾客真正的需求和是否具有购买意愿。

（1）观察动作

如果看到客户步履匆匆地来寻找某种商品或者是要求某种服务时，说明他们已经心有所属，服务人员只需要遵从他们的意愿就好。如果顾客只是漫不经心地打量，在各个产品之间来回观察，说明他还没有确定购买对象或者是心有疑虑，此时，服务人员应当上前主动介绍一些产品来供客户挑选。

（2）观察表情

服务人员还可以通过观察客户的表情来了解其购买意愿。当你给他介绍产品的时候，如果他的表情非常兴奋，说明顾客对你的产品很满意，反之，就是对产品不感兴趣。

在采用观察法的时候一定不要以貌取人。因为衣着简朴的人也可能是一位百万富翁，而一身名牌的人或许穿的全是假货。因此，服务人员一定不要凭着主观感觉去对待客户，要学会尊重客户的愿望。

2. 推荐产品法

假如你通过观察法并没有准确地把握客户的个性，了解客户的需求，那么不妨试一下推荐法，即通过向客户推荐一两件产品来观察客户的反应，从而了解客户的需求。

比如一位客户正在仔细观察一款胃药，那么此时药店的服务人员就可以采用以下方法来探测这位客户的需求："这种胃药十分有效。"

客户："我不知道这种药是不是医生给我开的那一种，我之前吃过一次，很有用，但是现在忘了是什么名字了。"

服务人员："您再好好想一想，想好了再告诉我，当然您也可以去问一问我们这儿的坐堂医生。"

客户："哦，我想起来了，就是这种。"

就这样，服务人员只用了一句简单的问话就促成了这笔交易。

3. 询问法

从上面的例子中我们不难看出，"询问"其实在了解客户需求的过程中发挥着很重要的作用。但是很多客户都很讨厌被别人探查，讨厌被审问的感觉。有时候当服务人员想通过直接提问去了解客户的个性与需求的时候，往往会发现客户出现抵触情绪，他们会选择逃避或拒绝，而不是坦诚相告。因此，服务人员在提问的时候一定要有技巧，要注意从侧面询问客户。

服务人员在提出问题的时候一定要精心选择，并且礼貌地询问客户，然后再加上有技巧地介绍商品和对客户进行赞美，以此引导客户充分表达他们内心真实的想法。服务人员在询问时要遵循以下3个原则：

（1）切忌单方的一味询问

有些缺乏经验的服务人员经常会犯这样的错误，他们总是过多地询问客户一些不太重要的问题，或者是接连不断地向客户提问题，最终使客户产生一种“被调查”的感觉，从而对服务人员产生反感以致不肯说实话。

（2）询问与产品展示要交替进行

产品展示和询问如同鸟的两个翅膀，要一起挥动才能推动服务工作，服务人员可以用这种方式一点点地探寻客户的个性与需求，不要一味询问，也不要一味地介绍，要交替着来。

（3）询问应循序渐进

服务人员在询问客户的时候可以先从比较简单的问题着手，如“请问，您买这份产品是要给谁用的”或者“您是想买瓶装的还是想买盒装的”，然后通过客户的回答来确定是否进行下一步提问。就如同上面的案例一样，逐渐从一些普通的问题转移到购买核心问题。当问到比较敏感的问题时，服务人员要稍微移开视线，一边减少客户的压力，一边观察客户的表现与反应。

4. 倾听法

在一场慈善晚会上，一名富商正在和一位科学家交谈。这名科学家谈性很浓，他给富商讲一些高分子材料和新型能源的事情，而这位富商对这些根本就不了解，但是他一直恭恭敬敬地坐在一旁，倾听科学家的讲解，并且不时地示意科学家继续往下说，而科学家后来也给这位富商提供了一些投资新型能源的建议，富商都欣然地接受并且表示感激。

宴会结束后，这位科学家意犹未尽地拉着富商的手，俨然已经把富商当成了知己，而且在对周围的朋友评价富商时，都会说："他是一位富有魅力、见识广博、谦虚谨慎的真正的商人。"并且，他还表示跟富商聊得很投机，度过了一个很愉快的周末。这位富商知道之后回忆说："天哪，我几乎什么都没说。"

"喜欢说，不喜欢听"是人类的共性之一。每个人都有诉说的愿望，而从心理学角度上来讲，善于倾听对方的话可以使对方心情愉悦，会换来对方的好感，会使对方吐露出内心真实的想法。最重要的是，有人倾听能够使倾诉者感觉自己被重视，可以感觉到自身存在的价值。满足了对方的自尊心理，双方的交往也会因此变得更加愉快，这就是心理学中的倾听定律。但是如果服务人员只会一味地去表达自己的观点，可能就会引起争论或者马上使客户忘掉你刚刚说的话。优秀的服务人员应善于掌握倾听原则，让客户畅所欲言。

那位富商之所以会获得科学家的极高评价，就是因为他一直处于一个倾听的状态。从科学家的角度来说，他把富商当成了一名兴趣相投的聊友；而从富商的角度来看，他觉得自己本身就是一名听众，只要不停地鼓励对方说话就可以。所以两人一拍即合，科学家说得尽兴，富商也学到了知识，两人度过了一个愉快的周末，而这一切正是倾听定律产生的效果。

如果你仔细观察过寺庙中的佛像，那么你就会发现，这些佛像大都是耳朵大，嘴巴小。从这一点上来看，你就不难理解多听少说的重要性了。佛像尚且如此，更不要说我们人类了。在人际交往当中，倾听总是发挥着十分重要的作用。

善于倾听，别人就会认为你是一个谦虚好学的人；善于倾听，别人就会认为你专心稳重；善于倾听，别人就会觉得你诚实可靠。善于倾听的人能够给别人充分的空间诉说，让对方感觉到自己被尊重，因此对其产生好感。

善于倾听的人总是会获得意想不到的收获和惊人的成就。齐桓公因为善于倾听被奉为明主；刘玄德因为善于倾听鼎足于世。

相反，不会倾听而只会滔滔不绝发表自己想法的人，其人际关系大多很失败，言多必失，讲得太多就容易出现错误，出现错误就会容易得罪人。这样的人一般讲话的欲望非常强烈，强烈到了引起别人的反感。比如，别人正在就一件事情发表自己的意见时，他突然打断别人的话语，发表自己的意见，而这些意见却毫无道理，甚至与所讲的这件事情毫无关系。还有就是当别人正在兴致勃勃地同他们说话时，他们却心不在焉，不是四周张望，就是玩弄自己的手机，这样的人，谁会愿意和他们进行交往？谁会喜欢跟他们做朋友？而向客户服务亦是如此。

试想一下，当你在与人交往的时候，如果你观察到对方在你谈话时很耐心地倾听，或者是常常打断你的思路，或者是心不在焉地玩弄手机或做其他事情，这 3 种人你喜欢哪一种？

倾听对别人来说是一种尊重的表现，客服人员在服务客户的过程当中必须要学会倾听，因为如果在对方说话的时候你显得心不在焉，那么，对方就会对你产生厌恶感，从而导致你失去这位客户。

善于倾听是一种修养，是经过长期锻炼才形成的；同时，善于倾听的人往往拥有谦逊的品德、温和的性格和宽广的胸怀。

人与人的交流可以分为两部分，一部分是说，另一部分则是听。而想说的人太多了，所以善于倾听的人永远都是深得人心的。

但是，现在社会节奏飞快，很多服务人员都没有耐心听客户讲话，因为他们认为自己是“专家”，认为自己比客户懂得多。这些人每天疲于工作，来回奔波，因此就会显得很不耐烦。客户刚一张口，他们就会露出不耐烦的情绪，全然不管客户的意见，而是按照自己的套路向客户介绍。而这类服务人员说话的目的就是想要通过自己的口才来展示自己的能力，想给客户留下一个能力很强的印象。但是这样做的结果是表面上看来达到了目的，事实上却得不到客户的认同，无法建立真正的友谊，达到沟通的目的。从古至今，很多例子都证明，成大事者，一般都是善于倾听的人。如果有的服务人员说自己忙得连听客户讲话的时间都没有，那么只能说他不会合理安排自己的时间，或者说他是一个心胸狭隘的人，因此没有客户会喜欢他，最终落得孤家寡人的处境。因此，倾听——用心听客户讲话，对任何一位服务人员来说都是一句终生受益不尽的忠告。倾听如此重要，那么究竟该如何洗耳恭听呢？

（1）做好“听”的准备

在听之前，服务人员应做好各种准备，首先是心理准备，要有耐心倾听客户讲话；其次是业务上的准备，服务人员要对自己的产品了如指掌，要预先考虑到客户会问什么问题，自己又该如何回答，以免到时候无所适从，十分尴尬。

（2）不要分神

倾听也是一门深奥的学问，当客户说话太快或者与事实不符的时候，服务人员绝对不能因此显得心不在焉，更不能流露出不耐烦的表情。否则，客户一旦发觉你没有认真听自己讲话，那么你就会立刻失去客户对你的信任，从而导致客户对你的服务不满意。

（3）从倾听中了解客户

客户的内心总会有意见、需求、疑问等，服务人员必须要让客户发表意见，从中了解客户的需要，并且解决客户的疑问。在服务人员了解到客户的真正需求之前，就要学会引导客户诉说，让客户不断地倾诉，这样不但可以避免因为听到一些片段而产生错误的判断，而且更能使服务人员从客户谈话的内容、声调、表情、身体等动作中观察、揣摩其真正的需求。

（4）注意锻炼

听他人讲话也是一门艺术，服务人员在平时与朋友、家人、客户交流的时候随时都可以锻炼自己倾听的能力，掌握倾听的技巧，慢慢地就可以使自己的倾听水平有很大的提高，而且也可以从倾听中学到很多有用的知识。

最后，提醒广大服务人员千万不要自以为很了解客户，知道他们想要什么，必须要仔细倾听客户所说的每一句话，而且通过与客户的谈话来确定客户的需求，最后根据他们的需求提供最合适的服务，这样才能收到事半功倍的效果。

学会走进客户的心里

为什么很多服务人员很努力地工作也达不到客户的期望？就因为他们只了解公司的期望，却不了解客户的心理。

如果你不了解客户心中想什么，那么客户又怎么会回头选择你们呢？又怎么会向自己的亲朋好友介绍你的产品和服务呢？因此，作为一名优秀的服务人员，你必须要学会掌握客户的心理。

一旦你掌握了客户的心理，那么你就能够马上了解客户的期望，就能全力以赴地满足客户的期望。而后你的每一个满意的客户都会向周围的朋友宣传，为你带来更多的客户，每一个客户也都会成为你忠实的长期客户。这样一来，公司内部的任何目标你都可以轻松完成，老板的任何期望你也都能帮助他实现。

也许你会问，我怎么可能知道客户的心里想什么？我又不是他肚子里的蛔虫！错，你当然可以知道客户心中想的是什么，如果你不知道，那说明你没有做到以下 3 件事情：

1. 认真听客户说话

如果你真的想要了解你的客户，那么你从他的话语中就可以听出他正在想些什么。如果你听不出来，说明你还没有迫切想要探究他心里的愿望。

2. 将心比心

试想一下，如果你是客户，你想要得到什么样的服务？假如你是客户，你会满意现在自己这种服务态度和服务方式吗？你想要别人怎么对你，首先就应该怎么对别人。

3. 询问客户需要什么

了解客户最简单的方法就是直接询问客户。如果你从来不问客户到底想要什么样的服务与待遇，那么你又如何去揣摩客户的心理呢？

如果你做到了以上 3 点，但是对客户出于什么心理还是无法判定，那么下面这 11 种客户常见心理会帮到你：

1. 爱实

爱实是所有客户尤其是中国的客户普遍存在的一种心理动机。他们在购买产品的时候，首先要求产品必须具备实际的使用价值，他们才会出手购买，这种客户最讲究实用、性价比高。

2. 爱新

爱新是人们在追求商品潮流和新颖时的主要心理动机，这类消费者在购买商品的时候最为重视的就是时髦和奇特。这类人多是经济条件较好的城市青年男女，当然，在西方国家，这类消费者是非常常见的。

3. 爱美

俗话说“爱美之心人皆有之”，每个人都爱美，这是一种本能需求，喜欢追求商品的欣赏价值与艺术价值，这类消费者多为中青年妇女和文艺界人士，多生活在经济较为发达的西方国家。他们在挑选产品的时候多注重商品本身的造型、色彩、工艺等，选购目的就是艺术欣赏和精神享受。

4. 爱利

这种消费者心存“少花钱多办事”的心理，其追求的就是价格便宜。因为注重价格，所以在挑选商品的时候，他们会对各种商品进行价格比较。另外，打折或者是处理的商品也是他们较为关注的。这种消费者多为经济收入较低者。当然也不排除那些收入高，但是又节俭的人。当他们看重某种商品的质量和样式时，往往因为价格较高而心存迟疑，所以就会讨价还价。

5. 爱随大流

爱随大流属于仿效式购物，其购物动机就是不要落后于他人。这种消费者往往对社会风气和周围的环境特别敏感，任何时候的潮流走向他们都能捕捉到。当然这种心理的人在购买某种商品的时候并不是特别需要这种

商品，而是为了赶超他人。

6．爱特殊

爱特殊是一种以满足个人特殊爱好和欲望的购买心理。他们喜欢购买某一类商品，如有很多女生都喜欢买包包，每次逛街看到新款的包包，她们都想买下来。具有这种心理的消费者购物的特点是经常性和持续性。

7．爱面子

爱面子的顾客在购物的时候不仅追求商品的使用价值，而且还注重精神层面。他们期望在购物的时候能够受到销售人员的热情接待。如果销售人员对他们较为冷淡，他们很可能就会转换卖家。

8．爱询问

爱询问是一种瞻前顾后的购物心理动机，这种消费者最害怕吃亏和上当。在购物过程中，他们对产品的各方面都会持怀疑态度，因为他们害怕产品质量不好而影响他们的使用。所以，他们会不断向销售人员询问，仔细地检查商品，而且也会询问售后服务相关方面的内容，直到心中的疑虑完全消除，他们才会踏实购买。

9．爱安全

很多人在购买商品的时候往往会考虑商品的使用安全问题，特别是食品、药品、洗涤用品、卫生用品、电器用品和交通工具等，不允许有任何问题出现。所以，在购买这些商品的时候，消费者会特别注意其使用安全与否。在销售人员解说、保证之后，他们才会放心购买。

10. 爱隐秘

这种消费者在购物的时候特别不喜欢被人知道，所以都是秘密行动。一旦他们选中了某种商品，他们在确保周围没有人的前提下就会与商家达成交易。通常，年轻人在购买与性有关的商品时经常会出现这种情况。

11. 爱名声

有这种心理的消费者购买物品的目的就是彰显自己的地位和威望。为了炫耀自己，他们往往购买一些名牌产品。在社会各阶级中都有这样的人，特别是在现代社会中，受品牌效应的影响，购买名牌生活用品已经成为展现一个人社会地位的方法。

只要你能够掌握住客户的心理，参透他们是怎么想的，那么你就会有无穷的办法来满足他们；而一旦你能满足客户，客户自然就会青睐你，成为你的回头客；只要你拥有一群回头客，那么你的事业自然就会蒸蒸日上。因此，服务人员有必要努力提升自己的从业技能，增加自己的个人力量，以便更好地服务客户。以下为提升自己个人力量的方法：

1. 对自己要完全负责

你一定要记住，你就是自己生活中、事业上的老板，你要对你所接触的一切工作负责。你要控制自己的思想和情绪，把“我负责”挂在嘴边。这句话可以消除你的负面情绪，并且降低你的愤怒，排除你的烦恼，让你开始积极地思考解决问题的办法。“我负责”可以让你抓住自己生活的方向盘。

如果你成为一位完全负责的人，你对任何事情都会拒绝找借口，成功，则坦然接受功劳；失败，也敢于肩负起责任，在下一次做得更好。

勇于承担责任的人永远是想答案而不是想问题，永远是解决问题而不是抱怨。作为一位完全负责的人，遇到逆境，你就会立刻停下来说：“我负责。”然后，你就会把那些已经发生的问题抛在脑后，此时你的脑子里只有：下一步该如何做。

完全负责的人会把精力集中在未来的机会而绝非过去的问题上。他们不会因为打翻一瓶牛奶而哭泣，因为他们知道有些事情一旦发生是无法挽回的。所以他们会把每一次挫折和失败都当成一次珍贵的经验，而且会对自己说：“下一次，我一定会成功。”

你不妨把这句话作为自己的座右铭：“如果问题不可避免，我必须负起全责。”

2. 用积极的解释方式

所谓的用积极的解释方式，就是对自己身上降临的事采取积极的解释方式。遇到好事，你会感激；遇到困难和挫折，你会视作一次经验和教训。你从不会让问题在你心中挥之不去，或者是归咎于自己的无能。你会耸耸肩膀轻松地说：“下次就好了。”

乐观的人总是习惯用积极的方式来解释问题，悲观的人总会把所有的问题都往悲观方面想。乐观的人会把错误抛在脑后，他们不会因为遇到挫折而烦恼；而悲观的人一旦遇到挫折就认为是自己无能，或者是他们服务质量不高的证明。乐观的人会不断思考自己究竟该如何做得更好；悲观的人往往会把思维停留在自己失败的地方，变得堕落和沮丧。

3. 为自己许下卓越的承诺

想要变得优秀，首先就要下定决心在自己的行业中做得出类拔萃。一

定要把自己的标准设定在卓越的程度，给自己订下一个目标，并且全力以赴，不断前进。

很多人都对自己不自信，不愿意承认自己是一个优秀的人。甚至当他们通过自己的努力获得某些成就的时候，也会倾向于否认或者单纯地把成功归功于运气和偶然。在他们选择从事服务行业之时，他们对自己并不自信，他们不相信自己拥有最优秀的能力，能把自己的服务做到最优。一个人在成长历程中最糟糕的事就是对实至名归的说法感到怀疑。很多人都觉得自己达不到自己理想的成功水平，认为自己一辈子只能是一个平庸的人。这实在是大错特错，请你一定要相信，你坚持努力所获得的成功是实至名归的，不存在任何运气与偶然，因为运气也是实力的一部分。你配得上你所期待与向往的任何事情，你经过努力与发展所获得的报酬是你应得的。你和所有优秀的人一样好，你可以得到任何你想得到的成就。

很多优秀的服务人员都心存目标，那就是通过自己的努力出人头地。一旦他们确定了目标，就会勇敢地朝这个方向而努力。

想要达到自己的目标或许要花费好几个月甚至好几年的时间，但是你终究是会办到的。而你一旦达到自己的目标，就要继续给自己设置下一个目标，不断前进，不断成长，最终你会爬到行业中最崇高的位置，会被周围的人尊敬，而这一切都来源于你最初的卓越承诺。

4. 坚持

坚持是什么？坚持就是你比别人晚半小时下班，比别人工作更努力一些；坚持就是你肯回家还复习自己的专业知识，努力地提升自己；坚持就是在周末依然会持续学习，不断地充实自己。而坚持通常会给你的生活带来很大的变化。比别人坚持得更久的人通常会在事业和生活上逐渐超越他人，因为他从来不会轻言放弃。

坚持是许多优秀品质的组合，坚持是对自身价值以及能力的一种评价。你可以在困境中依然坚持自己的意愿，以此来了解自己的信心究竟有多大。你可以在诱惑中依然坚持自己的原则，以此来了解自己的定力究竟有多深。坚持是一种行动力的自我约束，也是对自己个性的一种评价。

坚持与勇气是不可分割的。假如勇气的第一部分就是面对不确定的状况的能力，那么勇气的第二部分就是在没有成功把握的情况下继续坚持。正如一位哲学家所说的：“勇气是美德，坚持是信念，信念加美德才能铸就完美的人生。”没有坚持，就不会有成功。

5. 正直

正直，也就是对你自己和对他人的完全诚实。作为一名诚实的人，你要敢于面对自己以及自己的底线。因为只有这样，你才能对自己和他人完全诚实。

诚实是一位客户决定是否长期信赖一位服务人员，或者一家企业的重要品德。而这也是为什么所有的服务业人员都把诚实作为自己的第一原则的原因，他们绝对不会把不合适的服务或者虚假的服务提供给客户，而他们的客户也相信他们。

正如同信任是人际关系的基础，正直就是这种信任的具体表现。所有的顶尖服务人员和客户之间的关系都会好到他们推荐什么服务客户就会照单全收，因为他们凭借自己对客户的了解，会给客户提供最适合他们的服务。

正直对于建立自信也是十分重要的。当你诚实地对待自己的朋友和客户时，你就会发现自己已经成为了一个人人都喜爱的人。正直的人在内心也会对自己深表认同。正直会让你成为一个他人无法拒绝的服务人员，而且会不断受到客户的好评和推荐。

6．感激

感激的基础是增加报酬法则，也就是说，当你对自己的收获心存感激的时候，你就会得到更多值得你感激的事物。感激的态度是一个人正直可靠的证明。一个心存感激的人会在每天的生活中看到美好的事物，并且会对此表示感激，而非抱怨。

一个心存感激的人一定是乐观的。他们通常很快乐，无论在什么情况下，这种人永远都会说出正面而积极的话。即使是面对最难缠的客户，他们也会非常友善地心存感激，这种感激有时甚至会让最冷漠的客户不好意思。

感激的心态是可以培养的。当你表现出感激的态度时，甚至不用太长的时间，感激的心就会成为你人格的一部分，而你也会成为一个热情友善的人。

到那时你就会发现，无论你走到哪里都会受到大家的欢迎，而你生活的每一个层面都会因此改变。

当你在和未来的客户相处时，千万不要把自己的问题和苦恼带给客户。即使你处于人生的最低谷，你也一定要做到守口如瓶。当别人问你现在的情况如何时，你一定要说：“一切都好，好得不能再好了。”

当你告诉他人你的生活和工作是多么愉快的时候，你就会越来越信以为真，不久之后，你就会真的觉得自己一切都好，工作愉快了。

每天进步一点点，日久天长，慢慢地你就会得到很大的提高。就如同上面第四条所说的一样——坚持，只要你努力坚持下去，你一定会获得成功。

烦恼留给自己，真诚留给客户

根据中国质量万里行公布的最新调查结果，2011年第一季度中国家电售后服务调研报告显示：海尔家电各产品在售后服务及时性、规范性以及满意度等各个方面均居行业首位。作为中国家电业的龙头老大，海尔的产品质量与口碑早已被广大消费者所熟知，那么海尔的售后是如何保证客户满意，并且赢得客户支持的呢？

1. 信息化的支持

科技是第一生产力。在海尔售后部，从客户报修到上门服务，海尔实行端对端可视化派代，客户的报修信息会直接传递到工程师的手中，以缩短客户等待的时间，而且工程师会直接与客户联系，大大提高了上门的及时性与一次解决率，真正地实现了“客户只要一个电话，剩下的事情我们来做”的服务承诺。

2. 服务进社区

海尔的售后服务实行服务网点承包制，工程师会具体承包一个小区甚至是一个楼层，这使得海尔的售后服务从客户提出服务要求转变为工程师直接上门免费对用户家电进行保养和检查，不仅排除了家电隐患，更是满足了客户对增值服务的需求。

3. 成套的精致服务

如同上文讲过的，海尔会在客户购买产品前免费上门设计装修方案，购买家电的过程中安装调试一步到位，测电测甲醛确保放心，购买之后延保8～10年，24小时随叫随到。这种售前、售中、售后一站式无忧服务不但打破了行业服务仅限于售后服务的传统，而且全面满足了客户对购买家电的一系列需求。

4. 星级规范服务

名牌产品实施名牌服务，海尔在发展的过程中推出了星级服务，并倡导：安装一次就好。在服务前安装测电到位，在服务中讲解指导使用到位，产品维护保养、服务后现场清理、一站式通检到位。

有这么一个故事，很好地诠释了海尔完美的售后服务：

在河南郑州市中原区秦岭路有一对老夫妻，膝下无儿无女，靠着一台海尔SN302冷柜卖雪糕维持生计。2011年5月19日，郑州的天气突然升温，从前一天的30℃飙升至38℃，因为天气过热，老人的冷柜坏了，一冷柜的雪糕面临着融化的危险。情急之下，老人想起在小区不远处就有一家海尔星级服务中心，于是老人托邻居去求援。郑州海尔星级售后服务中心得知这一情况之后立刻派出了两名技术人员，顶着高温扛着维修工具飞奔至客户家。到了之后，他们不但为老人修好了冷柜，还免费帮他更换了冷柜已经有些老化的电容，防止以后还会出问题。看着满头大汗的维修工程师，两位老人感动得热泪盈眶，特意写了感谢信给海尔集团。在这件事之后，海尔星级售后服务中心的管理人员特意组建了小区上门维修小分队，为该小区的居民提供免费上门检测维修、保养机器的活动。现在该小区以及小

区附近的居民都成了海尔忠实的“粉丝”。

类似这样的故事在海尔集团人人都能说上几件，海尔人把情感融入了服务当中，让原本冷漠的商业行为变得富有人情味，星级规范的服务将更安心更诚心的服务送给了消费者。

海尔用完美的服务带走了客户的烦恼，留下了海尔的真诚，而中国质量万里行的调查结果也是对海尔服务的一种肯定。或许在不远的将来，海尔的服务意识和理念将会成为全国乃至全球家电行业的楷模。

5. 服务是企业永远的责任

现如今，海尔以一个现代化大型跨国集团的形象出现在了人们的面前。海尔之所以会如此成功，除了不断追求卓越、创新的理念，更有“用户永远是对的”“以对用户的忠诚度换取用户对海尔品牌忠诚度”“真诚到永远”等服务观念，这些服务理念共同构筑了海尔独特的企业文化，成为海尔人共同遵循的价值观与行为准则，成为引导和促进海尔不断创新、拼搏的源泉，也为海尔打造知名品牌起到了巨大的推进作用。

其实，海尔的真诚服务从最初就以一种不同凡响的姿态出现。

“张瑞敏砸冰箱”是一个许多人都知道的故事，而这也是海尔“真诚服务到永远”的肇始点。

1985 年，张瑞敏受命担任青岛电冰箱总厂厂长（海尔集团的前身）。有一天，一位客户要买一台电冰箱，结果挑选了很多台都有毛病，到最后才勉强拉走了一台。这件事引起了张瑞敏的警觉，于是，他派人把库房中的 400 多台冰箱全部检查了一遍，发现一共有 76 台冰箱存在各种各样的缺陷。于是张瑞敏集合全厂员工，问大家该怎么办。很多人提出，这些冰箱大都是一些小毛病，不如低价处理给员工算了。当时一台电冰箱的价格是800元，相当于一位普通员工两年的收入。

76台冰箱的价值对于一个库存只有400台的小厂来说不是一个小数字，大多数职工认为冰箱虽然有缺陷，但是依然可以使用，就算不卖出去，处理给职工也是一个"两全其美"的好办法。但是张瑞敏却并不这么想，因为他考虑到了工厂的未来，他当着全体员工的面说："我如果允许把这76台冰箱卖掉，就等于我要看着你们明天继续生产760台这样的冰箱！"随后他宣布，这些冰箱要全部砸碎，谁干的谁来砸，说完自己便抡起了大锤砸下了第一锤。

在海尔人挥动大锤砸向自己冰箱的那一刻，他们已经把优质的观念摆在了最重要的位置。张瑞敏以自己的亲身经历告诉了大家这样一个理念：有缺陷的产品就等同于废品。

没有责任感的企业不可能会生产出优质的产品，"张瑞敏砸冰箱"的故事曾被一再引用，这说明了张瑞敏的这一锤意义深远，他不仅砸在了冰箱上，更是砸在了整个中国企业界的良心上。他让中国的企业认识到："要想做出优质的产品，自己首先就要具备强烈的责任感，企业应该用产品来开创成功的事业。"

现代经营的一个先决条件就是"先消费者一步"，因为只有这样才能在经营中占据主动，经营者是没有第二次赢得消费者的机会的。很多企业的最终目的就是把产品推销给消费者，但是这种心态如果表露明显而且具备较强的功利性的话，往往会招来消费者的厌恶。只有在具体的经营中远离这个目的，让它融入生产经营的各个环节，让消费者感觉自己不是在购买商品，而是在购买一种感觉、一份心情、一种生活……就好比麦当劳和可口可乐传达的就是美国的生活方式，只有认识到这一点，才能使企业取得经济效益和社会效益的双赢。

那么，如何才能做到这一点呢？对于企业来说，首先要结合自身产品的情况，明确自己的经营理念，也就是说，要明确自己能带给消费者什么。海尔的经营理念就是“真诚到永远”，而其在各方面工作中均是围绕着这一理念进行的，因此海尔获得了成功。有了目标，企业今后的各种工作活动就都有了目标，朝着这个目标不断前进，企业肯定会越来越优秀。

靠着目标的指引，海尔人拥有了一种信念，那就是：自己并不是在向消费者提供自己的产品，而是让消费者享受经营理念所带来的全新消费感受。

当“真诚到永远”作为一句广告语面向社会的时候，海尔就已经紧紧抓住了一个“情”字，情贵真诚。广告作为一种宣传行为，在获得宣传价值的同时，也需要在人与人之间寻找一个枢纽和沟通点。以情动人，以情感人，正是海尔这句广告语的成功之处。海尔之所以能够在开发、销售和售后三大环节中都获得客户的好评，就在于其秉承的“真诚到永远”这句口号的无穷魅力，这句口号向消费者袒露了海尔的一颗赤诚的心，无论市场如何变化，海尔都将永远的真诚对待消费者，用真诚的消费来换得真诚的回报。经过不懈的努力，今天的海尔早已让消费者对其产生了深深的信任感和依赖感。海尔已经成为消费者心中的完美品牌，消费者不容许它有一丝缺憾。而这对创造完美品牌的海尔来说，无疑是一种永远的责任。真诚或许不难做到，但是“真诚到永远”却是现阶段大多数企业无法企及的一个高度。

第三讲　感恩心：感恩顾客，顾客感恩

格兰仕：学会让客户感动

格兰仕集团是一家世界级企业，其定位是“百年企业世界品牌”。该集团规模非常庞大，在广东顺德、中山拥有国际领先的微波炉、空调及小家电研究和制造中心，在中国总部拥有13家子公司，在全国各地共设立了60多家销售分公司和营销中心，在中国香港、韩国首尔、北美等地都设有分支机构，与世界上多个国家进行经济贸易交流。

据统计，截至2009年，格兰仕集团的总产值约为300亿元。到目前为止，格兰仕正在致力于多种产业的共同发展。作为中国制造和中国民营企业的杰出代表之一，格兰仕稳中求胜，成为成功推进中国改革开放的一个企业标签：在第一个10年里，格兰仕难中求易，最终创造出了一个过亿元的轻纺工业区；在第二个10年里，格兰仕从轻纺业转入微波炉业，最终成为中国首批转制成功、建立现代企业制度的乡镇企业之一，而且成为微波炉世界冠军；在第三个10年里，格兰仕开始向跨国白色家电集团迈进。

2010年，格兰仕集团为了更好地为客户服务，成功启动了“全球领先的综合性白色家电品牌”战略，并且制订了2010—2013年集团年销售额超过1000亿美元的新目标。世界领先的格兰仕微波炉、空调、生活电器等优势产业的产销规模正在不断增加。2011年，格兰仕更是斥资10亿元人民币扩建了冰箱、洗衣机新基地。在30多年的发展中，格兰仕已经培养出了具有自己特色的企业文化，而“努力，让客户感动”的经营宗旨更是使格兰仕在全球市场树立了一个良好的企业形象，也为格兰仕的辉煌奠定了文化基石。

“努力，让客户感动”是格兰仕的董事长梁庆德先生的经典名言，而这也成为了格兰仕一如既往的经营宗旨。或许很多人都听过“努力，让客户感动”这句话，但是如何让客户感动，其中隐藏的深意又是什么，却始终没有人能完全理解。下面，就让我们从格兰仕的实际工作出发，来彻底了解一下“努力，让客户感动”这句话的含义。

从书面的意义来看，客户就是指购买企业产品的人，也就是我们所说的消费者。

而在格兰仕，格兰仕人所谈的客户是指与格兰仕产品有联系的组织或个人。根据这一核心概念的理念，格兰仕的客户一共分为两大类：第一大类就是那些直接购买格兰仕产品的消费者；第二大类就是和格兰仕发生间接联系的个人或者组织。这就代表着，在外部，包括格兰仕的经销商、代理商、分销商，还有格兰仕原材料、半成品的供应商，在内部，包括普通员工、管理者、职业经理人、董事长，都是格兰仕的客户。

比如在格兰仕的生产车间，在每一条生产流水线上，上一道工序与下一道工序之间也是客户关系，而格兰仕的管理层和上下级之间也是客户关系。

为什么格兰仕要制定一个如此奇怪的客户观呢？因为人们都知道“客户就是上帝”这样一句服务理念，而围绕这一崇高的理念，格兰仕人一直用虔诚和专注的态度来为格兰仕所有的客户提供最完美的服务，而格兰仕的客户观可以使格兰仕人的完美服务不断拓展，使格兰仕收获得更多。

在服务行业，有一种“满意”文化，即让所有的客户都满意，但是很多人都不知道，在格兰仕，“满意”文化只是一种初级文化，格兰仕还有一种更高级的“感动”文化。

在很多服务型企业，人们经常会听到这样一句话：“如果您满意，请告诉您的朋友；如果您不满意，请告诉我的主管。”企业通过这样一句话来强调自己对客户的关注与服务态度。而在格兰仕，格兰仕人必须无任何理由和条件让客户“感动”！或许有人会疑惑，“满意”和“感动”有什么区别呢？从字面上理解，“满意”是停留在自己意愿层面的一种满足，是对某一行为或事物的认可。而“感动”则是一种内在情感的表达，是一种心灵的触动。从哲学角度来说，根据量变引起质变的原理，人们也可以尝试理解，从满意到感动的过程其实就是一种量变到质变的过程，满意是停留在意愿上的量变阶段，而不断的满意最终会引发质变，成为“感动”。

那么格兰仕人是如何让客户“感动”的呢？最常见的做法就是，格兰仕人会用自己的产品和服务使客户得到“超乎想象”的满足。

服务要懂得感恩

感恩就是对别人所给的帮助表示感激。因为活着，所以我们应该感恩；如果没有感恩，活着等于死去。要在感恩中活着，感恩于赋予我们生命的父母，感恩于教授我们知识的老师，感恩于提供我们实现自我价值平台的企业，感恩于帮助、关心和爱护我们的那些人，感恩于我们的祖国，感恩于大自然……感恩地活着，你才会发觉世界是如此美好。

“谁言寸草心，报得三春晖”“谁知盘中餐，粒粒皆辛苦”……我们小时候背诵的诗句，讲的就是要感恩。“滴水之恩，涌泉相报；衔环结草，以报恩德。”中国绵延数千年的古老成语，告诉我们的也是要感恩。

一次，美国前总统罗斯福家失盗，被偷了许多东西。一位朋友闻讯后，忙写信安慰他，劝他不必太在意。罗斯福给朋友写了一封回信：

“亲爱的朋友，谢谢您来信安慰我，我现在很平安。感谢上帝：因为第一，贼偷去的是我的东西，而没有伤害我的生命；第二，贼只偷去我部分东西，而不是全部；第三，最值得庆幸的是，做贼的是他，而不是我。”

对任何一个人来说，失盗绝对是不幸的事，而罗斯福却找出了感恩的三条理由。

在中国有这样一句话，即“一个人要学会感恩，才能真正快乐”。在生活中，很多人对很多事情都是想当然，所以心中并不会存有“感恩”二字。因为他们认为所有的事情都是理所当然的，因此就没有必要感恩。但是，事实上，他们并不快乐。

在美国有这样一个传说：在一个村子里，有一家人围在一块儿准备用餐，没想到母亲端上来一盆稻草。全家人都不知道是怎么回事。母亲说：“我给你们做了一辈子的饭，你们从来没有说过一句感谢的话，也没有说我做的饭好吃，所以这跟吃稻草没有什么不同。”从这个例子中，我们可以看出，即使是自己最亲的人在付出之后也想得到别人的感谢，更何况是跟我们没有任何血缘关系的其他人呢？所以对于任何人的帮助一定要心存感恩。

有些人说：“我讨厌我的生活，我讨厌我生活中的一切，我必须做一点改变。”其实，这些人最应当改变的就是自己不知道感恩他人的态度。如果我们不对现在我们所拥有的心存感激，那么不可能再会有更多的收获。

在日常生活中，关于未来的发展状况，我们每个人心中都有自己的设想，但是往往事与愿违。但是，无论怎样，我们都应当相信，现在所经历的一切逆境都是生命中的必然。如果能够对这些困难释怀并且继续前进，相信未来一定会有更好的发展。

感恩是一种处世哲学，是生活中的大智慧。在现实生活中，每个人都不可能一帆风顺，但是无论怎样我们都需要勇敢面对。在困难面前，我们不能一味地抱怨生活，而应该对生活充满感恩之情，在哪里跌倒就在哪里爬起来。英国作家萨克雷说：“生活就是一面镜子，你笑，它也笑；你哭，它也哭。”感恩不是一种心理安慰，更不是逃避现实，而是一种生活方式，它关系着一个人未来的生活。

通过化学实验我们可以发现，如果在水中放一块小小的明矾，那么水中的杂质就会沉淀下来。我们的心灵也是如此，如果我们能够心怀感恩，那么就可以沉淀很多浮躁、不安。只有这样，我们的生活才会更加美好。

成功学家安东尼指出，成功的第一步就是要先存有一颗感激之心。人不仅要感恩于自己的现状，而且当别人为你做事情的时候，也必须给予感谢。

俗话说，“领袖的责任之一便是谢谢。”那些当选的领导人总是要拿出一些时间去答谢曾经支持和帮助过他们的人和组织。如果不这样做，他们不会再得到更多人的支持，当然，离成功也就会越来越远。

一家日资公司的公关部招聘一位职员，报名的人很多，但是公司的笔试和面试都过于烦琐，经过一轮轮的淘汰，最后只有 5 名幸运者留了下来。

这 5 个人都非常优秀，不仅外表出众，而且都是名牌大学的高才生。

因为最终的录用结果是由日方的经理决定的，所以中方公司让她们先回家等结果。

几天之后，其中的一个人收到了公司人事部发来的电子邮件，内容是：“经过公司研究决定，您落聘了，但是我们欣赏您的学识、气质，因为名额所限，实是割爱之举。公司今后若有招聘名额，必会优先通知您。您所提交的材料经过电脑存档后，不日将返还于您。另外，为感谢您对本公司的信任，还随信寄去本公司产品的优惠券一份，祝您开心！”当她看到这封邮件内容之后，为自己的落聘感到难过，但是又感动于这家外资公司的诚意。没想到两天之后，她真的收到了公司邮件所承诺邮寄的材料和优惠券。除此之外，还有邮件中没有提及的小礼品。

看到这些礼品，她非常感动，而且还简单地给公司回了一封感谢信。

但是在半月之后，她接到那家日资公司的电话，说经过公司领导决议，她已被正式录用为该公司职员。

后来，她才明白这封邮件就是公司的最后一道考题。当然，其他4个人也收到了同样的邮件，公司也给她们寄去了优惠券和小礼品。但是，回信感谢的只有她一个人。正是这封感谢信使她最终胜出。

那些心怀感恩的人，往往是谦虚谨慎之人，同时也怀有敬畏之心。在生活中，你对待他人的方式必定也是他人对待你的方式。

有一个人迷路了，于是到加油站问路，而且打探前边镇子的人对待别人如何。听到他的问题，加油站的职工反问他之前所经历镇子中的人怎么样。过路人回答：“糟透了”。加油站的职员说：“我们这个镇子的人也一样。”之后，又有第二个人来这里问同样的问题，当他回答原先镇子中的人都特别好的时候，职员说：“您会发现我们这个镇上的人完全一样。”第一个人将沿途人所有的好忘记了，并不懂得感恩，但第二个人却心怀感恩之情一路前行。

人是三分理智、七分感情的动物。“给予就会被给予，剥夺就会被剥夺。信任就会被信任，怀疑就会被怀疑。爱就会被爱，恨就会被恨。感恩就会被感恩。”

行为孕育行为。您对我友善，我对您也友善；如果您不友好，我也不可能友好地对待您——这就是心理学的互惠关系定律。

感恩工作，快乐服务

感恩是一种珍视所有、懂得回报的表现，是一种极其谦卑却又极其热忱的情感。在服务工作中需要感恩精神。可以说，在感恩的精神里，服务工作才能越做越好。

世界上没有一份工作是时刻充满趣味的，任何工作干久了都会让人感到厌烦。其实，这不是工作本身的错，而是我们自己缺乏战胜这种枯燥、乏味的思想和方法，同时也是工作态度不够正确的原因。

一个员工对待工作的精神状态，往往决定了他日后事业成就的高低。一方面，不管从事的是什么工作，一个懂得将工作当作一种享受的员工，工作起来才会更加有激情，他们会主动积极地去工作，并从工作中找到实现自己理想的乐趣。从另一方面来说，能将工作当成一种享受而不是劳役的员工，更懂得怎样去享受自己的工作。

能不能从从事的工作中感受到乐趣，归根结底是一个心态问题。视工作为乐趣，你就能开心地工作；视工作为痛苦，你就会陷入消极被动的境地。其实，工作本身是没有意义可言的，它总是充满了机械性、重复性，但如果我们赋予了它意义的话，它就会变得有趣。因此，我们所从事的工作是单调乏味还是充实有趣，往往取决于我们对待工作的态度。

汤姆在一家广告公司工作了一年，由于不满意自己的工作，他愤愤地对朋友说："我在公司里的工资是最低的，老板也不把我放在眼里，如果再这样下去，总有一天我要跟他拍桌子，然后辞职不干。"

"你对公司的业务都清楚吗？对于公司运营的窍门完全弄懂了吗？"他的朋友问道。

"没有。"

"大丈夫能屈能伸。我建议你先冷静下来，认认真真地对待工作，好好地把他们的一切经营技巧、商业文书和公司组织完全搞通，甚至包括如何书写合同等具体事务都弄懂了之后，再一走了之，这样做岂不是既出了气，又有许多收获吗？"

汤姆听从了朋友的建议，一改往日的散漫习惯，开始认认真真地工作起来，甚至下班之后还留在办公室研究商业文书的写法。

一年之后，那位朋友又遇到他。

"你现在大概都学会了，可以准备拍桌子不干了吧。"

"可是我发现近来，老板对我刮目相看，最近更是委以重任，又升职又加薪。说实话，现在我已经成为公司的红人了！"

他的朋友说："我早就料到了，当初之所以你得不到老板的重视，是因为你工作不仅不认真，而且还不努力学习，不关注自己曾经做过什么，而只是关心自己应当得到什么。后来，你痛下苦功，能力提高了，也给公司带来了效益，当然会令老板刮目相看了。"

其实，生活中的很多人在工作刚开始的时候都像当初的汤姆一样，由于薪水不高，所以整天抱怨，从来不会反思自己给企业和他人带来了什么。但是，一名感恩的员工却明白他在工作中的所得，而且会尽最大的努力来回报公司和老板。久而久之，这样的人就会获得更大的成功。

在服务工作中，感恩可以让我们重新审视周围的一切。或许一个人的财富并不多，但是如果能够拥有一颗感恩的心，一样可以变得“富有”起来，过上幸福的生活。正因为感恩，才懂得珍惜，进而更好地为社会和他人作出贡献。

固然，成功需要很多因素，如敬业、勤奋、方法、机遇……但是如果从根本上寻找原动力的话，我们就会找到感恩这一精神内核。哪怕只是通过拼命工作来获得稳定的生活，他们心中也充满了感激之情。

新航前总裁彼特先生在创业伊始就不停地以此告诫员工：“不管你是一名修理工，或是一名发放工资的职员，或者是一个会计，我们能有这份工作，那是因为客人愿意为我们付费，这就是我们的秘诀。”

的确，正是因为员工常怀感恩之情为顾客提供服务，新航才有了今天的成就。在工作中，企业员工最应当感谢的就是客人，因为客人是他们的衣食父母，如果没有客人，他们难以生存。另外，在感谢客人的同时，也需要感谢生活，感谢帮助我们的所有人。在新航中，领导经常强调感恩的重要性，即“当我们有能力给予时要给予，生活才没有遗憾”“把每一个客人都当作你服务的最后一个对象，因为这一天肯定会到来”“最后，让我们一起来感谢，感谢所有养育过、关心过、帮助过、培养过我们的人，因为他们让我们成为优异的服务者”……

在服务工作中，表达感恩的最好方式就是努力地为客人提供最满意的服务。人在生活中总是有得有失的，而懂得感恩的人之所以快乐，并不是他们总是利大于弊或者得多于失，而是因为他们根本不去算计自己失去的部分，而永远对自己得到的心怀感激。如果我们用感恩的心态为客人服务，我们还会计较细微的得失吗？还会在意付出的多少吗？如此，还有什么困难不能够克服呢？

感恩是一种处世哲学，是生活中的大智慧，也是一种追求阳光生活的心态，一个人只有懂得感恩才能积极主动、感受到幸福。在服务工作中，有了感恩，工作就会变得如游戏一般简单轻松，人才能够在工作中实现自我，得到满足。在感恩的精神里，我们更能体味到成功的喜悦和生命的真谛。只要我们懂得感恩，懂得珍惜眼前已有的一切，我们便会迅速富足起来。这不是自欺欺人，而是一种服务精神的升华。

用情用到位，企业客户也“痴狂”

从一个人内心感情需要的角度来说，没有人希望自己被别人忽视。获得别人的关心、尊重会让一个人从内心焕发出最灿烂的光彩。对于关心呵护自己的人，他们自然会投桃报李，给予最大的感情和行动上的回报。试想，如果你就是那个对客户付以真情、尊重和关心的人，客户会有什么样的反应？

世界著名推销大师乔·吉拉德曾这样强调：“不论你推销的是什么东西，最有效的办法就是让顾客相信——你喜欢他，关心他。”乔·吉拉德用这个方法发展了自己事业的庞大客户群。同样，你也可以用关心让客户对你产生类似的感激。但是在真正实施时，我们要注意一点：关心一定要到位。

1. 站在关爱的角度与客户打交道

要想做到用情到位，首先你就要时刻保持一颗对客户关爱的心。前面我们曾经讲过用情要用“真情”，可是真情从何而来？走在大街上，让你突然对一个人产生发自内心的真正感情，在很多人看来这绝对是不现实的事情，可是对于专业的销售人员来说并非难事。只要你能够保持一颗关爱的心去看待世界，那么不管是对什么人，你都会拥有这种感情。

面对客户，你最先想到的是什么？拙劣的销售员想到的是利润，老练

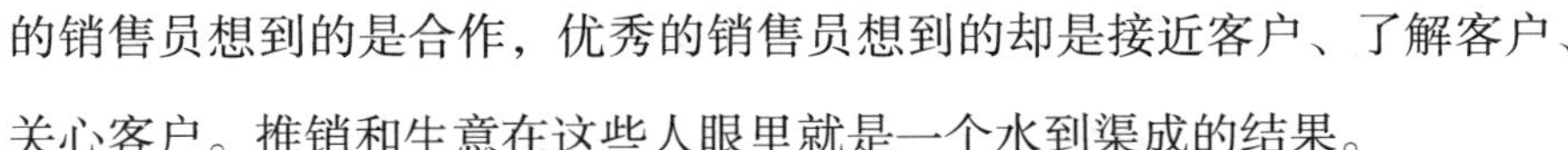

的销售员想到的是合作，优秀的销售员想到的却是接近客户、了解客户、关心客户。推销和生意在这些人眼里就是一个水到渠成的结果。

美国得克萨斯州有一位汽车推销员，他曾经试图向一位中产阶级客户推销一款中高档轿车。但在与客户进行初步接触，知道了其经济状况和家庭汽车保有量后，推销员明智地没有提这件事情，而是只留了客户的联系方式。

一天，他得知那位客户在外出游玩时不小心遭遇了车祸，于是就马上打电话过去。

"听说你那里出了事故？有谁受伤吗？家人都好吧？"销售员一接通电话就这样问。

在得知对方损失惨重，好几位家人都受伤后，他连忙道歉："这事情都怪我。上次我看到你家用的汽车没有安全气囊，想提醒你换一辆车，可是又怕给你造成不必要的经济压力，所以没有提出这件事。现在出了问题，我真的非常后悔！"

"你看什么时间有空，我去探望你。另外，如果你那辆撞坏的汽车有什么问题，也许我可以帮一下忙……"当天下午，销售员就带着一位汽车维修师傅来到了客户家里。他们一起对损坏的汽车做了检查，制订了维修方案。从头到尾，他们都没有提购买带有安全气囊的汽车。不过，在临走前，客户主动提出："上次你说的那款有安全气囊的汽车……"一单生意就此敲定。

在这次推销中，销售员能够打动客户，让他主动在遭受损失后询问新产品的相关事宜，靠的就是销售员到位的关爱。试想，如果换做你是客户，在遭遇车祸后接到销售员这样的电话："听说你那里出了事故，想换一辆车吗？"你会有什么反应？贴心的关爱让客户暂时放下了糟糕的心情，同时也让客户对销售员产生了强烈的亲近感。

面对每一位客户，销售员都要告诉自己：我应该关心他、尊重他，与他做真情的交流。这种心态会随着你"爱心销售"的不断进行而越来越成为一种常态。优秀的销售员都是满怀感恩，用爱的目光看待所有人的，这也是你成为王牌销售的重要前提。

2. 打感情牌要"到位"

在现代销售界，"关爱客户的销售技巧非常灵验"已经被人们所认同。可在实施过程中，人们却发现要想让这种技巧真正发挥作用并不容易。就像是做什么事情都要做到位一样，对客户打感情牌也是如此。如果不能把感情牌打准、打到位，最后结果还是不会令人满意。所以，要想让客户"忠心"，仅仅有"关爱每一位客户"的心态是远远不够的。

要把感情牌打到位，这个"位"很有讲究，既不能让客户感觉你是在蜻蜓点水，敷衍了事，又不能让他产生"你是在虚情假意骗人"的错觉。在与客户交往时，过分亲热会让对方对你渐渐产生抵触情绪；拒人于千里之外又会让所谓的"感情"找不到适合的载体。该关心的时候关心，该避嫌的时候避嫌，既让客户感受到你无微不至的关怀，又让客户不觉得你是别有用心，这个度要由你自己根据客户的个人特点灵活掌握。

除此以外，要想把感情牌打到位，在实际关心方式、程度上也要特别注意。

把感情牌打到位不仅需要销售人员调整心态、勇于付出，而且还要求他们有非常敏锐的感官，能够探知客户对你关心的真实想法。这里面还有一种情况要多加注意。"到位"不仅仅是说要做到一定程度，而且还要不超过一个限度，就像我们前面讲到的，过分的关心只会起到相反的效果。

有一位化妆品销售员，为了推销出自己的产品，对客户关怀称得上是无微不至。但令人哭笑不得的是，他竟然在情人节给那些长期联系的单身女客户每人送去了一朵玫瑰花。他的初衷很好，可是却不太容易让人接受。一些女客户在收到这不明所以的“关爱”后，更多的是感到自己的私生活被打扰了，甚至有一个客户认为这就是讽刺！费尽了心思，对方却没有领情，根本原因就是销售员没有把握住打感情牌的限度。

与客户交往，我们要给对方留出个人空间，不要窥探对方隐私。要明白什么是该做的，什么是不该做的。

在客户需要时给予支持

懂得用智商服务客户的销售员，能够赢得一次业绩；明白用情商帮助客户的销售员，能够获得永久的成功。予人玫瑰，手有余香；帮助客户，回报绵长。在客户需要时给予贴心的帮助和支持，会让客户在方便时爽快地接受你的推销。也许，在你获得了客户的欣赏和信任以后，你的工作就会由上门推销变成接受选购。

有一位经验丰富的销售人员曾经这样总结帮助客户对自己销售生涯的影响：“我每帮助客户一点，他们就会记得我一点好，就会往代表我的天平上投一个砝码。”这种经验是值得我们学习共享的，点滴帮助可能毫不起眼，可是在客户的心里，它却有着巨大的分量。

1. 及时贴心的帮助更能征服客户的心

李梅是秦皇岛市一家大型商场的皮鞋推销员。一天，她正在巡视自己负责的区域，意外地发现隔壁销售区换鞋座椅旁边有一个红色的小皮包。李梅连忙上前提醒了隔壁区的销售员，可隔壁区的销售员刚刚换班上岗，没见到是哪位客户带着这种小红包，于是她只有通过广播寻找失主。很快，一名中年妇女急匆匆地走了过来。

在确认中年妇女是红包的失主以后，李梅把红包交给了她。这位中年妇女万分感谢。可是，李梅发现她眉头还是有一丝忧愁。李梅问她是不是有什么需要帮助的，这位中年妇女才说出了自己面临的麻烦：她原本是想趁中午休息的时间给孩子买一双鞋送回家去，然后再去见客户，因为寻找丢失的皮包用去了大量时间，所以她已经没时间回家送东西了。可问题是，她总不能带着大鞋盒子去见客户吧？

看到这位中年妇女的窘况，李梅决定出手相助。“大姐，您家里现在有人吗？我还有半小时就换班了，到时候我给您送回家去吧！”中年妇女经过再三考虑就同意了。中年妇女家住在秦皇岛西北角的开发区，李梅跑的这一趟可不算近，所以，她对李梅的仗义相助非常感激。

虽然李梅没有向妇女推销自己的商品，可从那以后，李梅几乎就成为了这位妇女一家老小的“专门供应商”。一年下来，这位妇女在李梅手里买了许多双鞋。

如果说李梅寻找红包失主是拾金不昧，那么主动帮这位妇女送东西就是乐于助人了。毕竟，李梅送的这件商品还不是她卖出去的。从拾包找失主到主动给对方提供帮助，李梅没有提任何关于自己销售方面的事情，可是她最后却赢得了一个长期客户的衷心拥戴，这就是通过贴心帮助征服客户的典范。

不管在什么时候，不求回报的贴心帮助都是令人感动的。因为人在需要帮助时，受到恩惠所产生的感激要远远超过平时友好相处所建立的感情。

这时候，如果再让他知道你所经营的项目正是他所需要的，那么先前产生的那种感激和信赖就会让他不自觉地作出对你有利的购买决定。甚至，由于通过你的帮助对你有了深刻的了解，客户往往还会产生与你结成长期合作伙伴关系的欲望。毕竟，与一个充满爱心、正直的销售员打交道，要远比与眼睛里只有利益的人讨价还价放心得多。

环视你的周围，像上述这样的例子还有许多。这些例子告诉我们，在客户需要的时候，给他们提供帮助非常有利于你获得他们内心的好感。所以，当客户面临困难时，你一定不要犹豫，就像歌词里说的那样，“该出手时就出手”。也许你会从这一点点付出中获得意想不到的回报。

2. 带着真情去帮助

前面我们讲了用真情接近客户的重要性。在帮助客户的过程中，你也要学会带着真情实意为客户提供帮助。

由于人寿保险推销的独特性，一位销售员与他的客户都非常熟悉，互相之间有什么事情需要帮忙，更是义不容辞。

有一次，他给一位客户打电话问好。结果发现这位客户正陷入一桩麻烦当中。原来，他和妻子一起去美国出差，家里只有三岁的孩子和六十多岁的老母亲。“屋漏偏逢连夜雨”，客户的母亲恰恰又在这一段时间里生病了。一下子，身处异国他乡的客户慌了手脚。

知道这个消息以后，销售员马上主动提出要去客户家里照顾老人和孩子，客户感激涕零。一个星期以后，客户从美国回来，迎接他的是活蹦乱跳的孩子和已经恢复健康的母亲。“你这个兄弟人可好了，你不在这几天，伺候我就跟亲儿子一样！说实话，你伺候得都没他用心。”老人笑眯眯地夸着销售员。

像亲儿子一样照顾客户生病的母亲，这件事看上去很普通，可仔细想来你就会发现，要做到这一点，需要付出的代价着实不小：要在最短时间里了解老人的生活习惯；要用真情打动老人的心，获得她的认可和配合；要付出艰苦的劳动来帮助老人康复。更不用说，还有一个需要人照顾的三岁孩子。这位销售员做到这一切，依靠的就是真心实意。

推销不仅仅是做生意，更是人与人交流的一门艺术。也许真心去帮助客户，为他们解决与生意有关或者无关的事情非常耗费精力，可正是这种真心的付出，才能够让客户放下戒备，拉近与你的距离。与人方便，自己方便。可以说，当你向客户伸出援助之手的时候，你也是在帮助自己。

在客户需要的时候提供贴心的帮助，是黏住客户的绝佳途径之一。要想让这一技巧发挥出最大效力，我们就不能单纯地守株待兔，等待客户向你求援。事实证明，除了生意上的事情，客户是很少向销售人员求援的。要想帮助他们，首先你就要知道该帮什么。

（1）善于寻找帮助客户的机会

要主动帮助客户，你就要知道他有什么事情需要你帮助。而要想知道这些，你就要多和客户打交道。这个交道不是说你要多和他进行几次会谈，或是多进行几次推销，而是多和他进行一些生意外的交流。

比如，多与客户聊聊天，与客户一起做喜欢的运动，和客户一起外出野营等。通过这些非生意上的交流，你才可以知道有什么方面可以帮得上客户。这是一个信息收集的过程。事实上，哪怕你没有从这些交流中找出他需要帮助的方面，你也可以借机拉近与客户的距离。

（2）支持和帮助不是干预

有句俗话叫“干活不由东，累死也无功”。给客户帮忙就是顺着他的意愿，帮助他解决一些难题。如果你为了让事情做得更好，而要他改变自己的主意，甚至因此和客户争执，那就完全是得不偿失的做法了。

支持和帮助客户不是干预客户。如果认不清这一点，你还是不要贸然出手帮忙的好。

给客户“甜头”，增加亏欠心理

中国人有句古话叫“滴水之恩，当涌泉相报”，这不仅仅是中国传统文化中知恩图报心理的真实写照，也是心理学上互惠原则的直白说明。没有人愿意亏欠别人什么，有人说“金钱债好还，人情债难缠”，就是这个道理。既然如此，我们是不是可以在销售活动中巧妙运用这个心理活动理论呢？

著名企业家吉田曾经说：“播种善的人也会得到善。善会循环给我们，让善不停地循环，大家都会得到善的恩惠。”在这段话里，虽然吉田先生没有提到关于亏欠心理的内容，但他却对亏欠心理的运行机制和特征做了详细的描述。给客户提供“甜头”，让客户对你产生亏欠心理，你的销售活动就会变得顺利许多。

1. 亏欠心理的妙用

吃亏与占便宜仿佛是两大对立面。吃亏就是对我们自身利益的损害，所以尽量不吃亏就成了许多人在做生意时保持的底线原则，“我不去占便宜，别人也不能让我吃亏”，他们这样想着。可在实际的销售过程中，想真正做到这一点却并不容易。事实上，聪明的推销人员都知道，要想让客户很快接受你，不仅不能怕吃小亏，甚至还要主动去找些小亏吃。

社区有一位精明的菜贩子，他在与众多客户打交道时，都习惯用给客户“甜头”的方法留住他们。比如，一位大妈前来买菜，在称好以后，他会随手再加一点，但加的一点是不算钱的。长此以往，人们就越来越喜欢到他那里买菜。事实上，小区的居民们都知道，这多给的一点远远低于菜贩子赚的利润，可即便如此，他们还是照旧去他那里买菜。甚至有一位老大爷说，要是哪天他在外面的菜市场买了菜，回来路过小区菜店，他都有对不起菜贩子的感觉。

亏欠心理不仅对长期合作活动非常有利，而且同样适用于短期销售活动。比如，你向一位家庭妇女推销某种家居用品，被对方让进门后，你可以和对方多探讨一些关于家庭生活方面的难题。一般情况下，家庭妇女都是喜欢发泄一下不满的。当她觉得已经占用了你“大量”的时间时，你可以表达一下理解和愿意付出的心态。一般情况下，对方随之产生的亏欠心理会让她成为你的客户。

不过，亏欠心理最好的运用方法，还是在经过日积月累以后达到一个峰值时，才最有利于你展开推销活动。这就像往银行里面存款一样，存的越多，利息越高，获益才能越大。短期亏欠心理的使用，就不免有些急功近利了！

2. 给客户尝一些“甜头”

亏欠心理妙用无穷，那么该怎样使客户感到亏欠呢？最好的方法就是让客户尝一些“甜头”。就拿安利公司来说，他们给客户尝甜头的手段就运用得炉火纯青。

在销售活动中，安利公司要求其销售人员一定要注意给客户提供免费试用样品的机会。比如，安利曾经把自己多款产品组合成套装，这个套装里有家具抛光剂、清洁剂、洗发液、杀虫剂、玻璃清洁剂等多款产品，而销售员销售时的一大任务就是，把这件套装带到顾客家里；然后，将这个套装以“试用品”的身份留在客户家中 1~3 天不等。

试用品是不收费的馈赠，这种馈赠所产生的功效就是让客户产生亏欠心理。“你不能让客户有任何思想负担，只要让客户明白你仅仅是想让他（她）试用这些商品。”安利公司内部发行的《销售员手册》中这样写道。

事实证明，安利公司的直销策略简单而有效。大部分试用过套装的人都会购买其中一些产品。安利从一个很小的日用品公司，快速发展成为了年销售额达15亿美元以上的全球商业巨鳄，不能不说与其高明的销售策略有关。

在日本的名古屋，有一家叫作“加它”的制酪公司，他们以用特制奶酪制造咖啡而闻名全世界。

“加它”的社长日比孝吉先生十分乐善好施，经常免费或以超低价供给各种新鲜小食品。比如，多年以前日比孝吉就买下了无味大蒜制作技术，从那时起他就不断地免费送给别人食用。据他自己统计，这种无味大蒜已经先后派发给了全国近三万人。有的人寄来感谢信说：“这种无味大蒜效果惊人，但是我不能白接受，是不是可以付一点钱？哪怕只付邮费呢！”但令人惊讶的是，日比孝吉在回信中说：“那样的话，就请多多使用本公司的产品，或帮助宣传一下‘加它’的产品就行了。”

派发给近三万人，简单算算，每年的邮费就要超过25亿日元。但是，自从派发这种无味大蒜以后，公司的营业额随之迅猛增长，连续好几年保持在700亿日元。

有人说，社会是以不可思议的方式存在的，它能一直保持公平，给予就会被给予。这实际上是社会的公平原则在人际关系上的体现，也是群体社会赖以生存的精神基座。在我们进行推销活动时，不要害怕吃小亏，因为客户的亏欠心理会带给你更大的利益。

在巧妙运用客户的亏欠心理为自己的销售活动服务时，你需要注意一些要点，以使自己的计划顺利实施。

（1）别让自己产生“索债心理”

有“亏欠心理”，自然也就有“索债心理”。生活中，有些人总觉得别人亏欠了自己。当然有些是真的遭到了亏欠，但也有人是由于自私自利或者急功近利而形成这种心理的。

对于销售人员来说，“索债心理”是最要不得的毒药，因为它会一点点吞噬掉你所有的付出精神，会让你在与客户的交往中变得过分斤斤计较。如果你发现自己真的有了类似的倾向，那就一定要多加小心，马上调整心态。其实要驱除这种负面心态并不难，只要你能够多想一想自己吃亏的意义所在，那么就会找到平衡了。

（2）客户坚持回报，你也不要太忸怩

我们不应该老是想从别人身上得到什么，而应该想我们能够给予别人什么，需要付出什么样的服务与价值来让对方先获得益处。但如果客户执意马上给予你回报呢？

亏欠心理的确是积攒得越多越有利，可如果你面对的是一个不愿意亏欠别人的人，那也可以让他按照自己的方式回报。这不仅会让你显得非常大度，而且会让你获得对方的友谊。太忸怩或者期望值太高，在这样的客户面前并不是好事。

对客户好一点，再好一点

“你能不能对客户再好一点？”面对公司管理层的这个要求，大多数销售人员都会有无力的感觉。不断提升服务质量，用真情打动客户的心，黏住他们，是现在所有渴望成功的销售人员共同努力的方向。可是不管自己如何努力，总会有人跳出来指出，你应该做得更好。

如果你真的感到委屈，那就说明你还没有达到一个顶尖销售员的专业水平。“对客户好一点，再好一点”，这不仅仅是个口号，更应该是我们坚持“以情动人”推销的思想基础。没有这个意识，你永远也不会令客户满意。

1. 没有最好，只有更好

“对客户的服务，永远没有最好的时候。”哪怕你认为自己已经做得很完美了，你也要在心里默念这句话。

在你心里，完美的客户服务状态是什么？如果仔细回想一下就会发现，你的完美状态就是按照公司的要求，为客户提供最高标准的服务。这种标准让你觉得，自己的服务已经没有什么可以再提高的余地了。可是你是否想过，这种高标准的设计目标是什么？

一般情况下，哪怕是一个标准再严格的公司，他们的标准也是给公司内部普通员工设定的。换句话说，这是一个公司内部员工都能够达到的基本水平。对于那些在公司内部能力较强的员工，他们永远都可以做得更好。至于公司外部的竞争，就更是如此。所以，对客户打感情牌，把服务做得更好并不是无法做到的，关键要看你有没有这个意识。

在北京，有一个名叫“幸福家庭”的小家政服务公司。虽然这个小公司成立时间不长，规模还很小，但他们凭借自己的经营理念，让每一个与他们合作过的客户都非常满意。他们的经营理念很简单，就是“没有最好，只有更好”。

说起这个理念，“幸福家庭”的创始人兼经理李云桂讲述了这样一件事情。

有一次，一位资深的保姆来到他们公司，在进行了业务考核后，李云桂提出，她的服务要更好一些才能满足公司的要求。资深保姆惊讶极了，因为她的操作和工作内容是按照北京市最大的家政服务公司标准制定的，这样的服务质量，怎么还能叫不够好呢？

当然不够好！在资深保姆跟随李云桂进行了一次走访后，她知道了自己与这家快速崛起的小公司之间的差距：面对瘫痪的老人，一般家政服务公司会完成从翻身、换衣、导尿、排便等基本工作，高价家政还会有一些按摩的服务。可是这家公司派出的人员，不仅完成了所有的工作，而且还提供“陪聊”和让老人身体状况好转等专业医疗服务。

“其实，这还不够好。因为眼前这位‘模范员工’只是僵化地执行了预定的服务，却没有根据老人的特殊要求进行调整。我们的每一位工作人员，都应该有自己的想法和发展。所以，她还有做得更好的空间。”李云桂的介绍让这位资深保姆知道了他们成功的秘诀。

通过李云桂公司成功的事例，可以发现，哪怕是最高标准的服务，也仍然有被超越的可能。事实上，对客户打感情牌，是一个永远没有上限的销售技巧。当然，要想真正做到这一点，还需要你在平时与客户交往的过程中多注意细节。

2. 细节决定成败

与客户真情交流在整体运作上并不难办到。不管是在交流中添加人情味，还是多与他的家人朋友联系，只要注意到了这些方面，你就很容易获得客户的好感。不过，仅仅做到这些还不够。要想让自己对客户更好一些，你就要学会从细节着眼，因为细节决定成败。

比如，曾经有一位销售人员在与客户交流时总是非常小心地迁就着客户的习惯，她知道客户对百合花的香味非常敏感，所以虽然自己很喜欢使用百合花味道的香水，但她从来都不在与客户见面的场合使用。

开始这位客户并没有发现这个细节，可是后来听认识这位销售人员的朋友说起那位销售员很喜欢百合花香水时，他才知道销售员对自己的照顾。从那以后，他与这位销售员的合作关系更加密切了。

小小的香水味，相信很少有人能够注意到。可是这位销售员却能够通过这个细节向客户传达自己的善意和细心。她知道，哪怕客户永远不知道这个秘密，他也不会因为百合花香而与销售人员疏远。至于通过何种渠道“让”客户知道，那就更是一个非常巧妙的交际策略了。

与客户打交道时要注意的服务细节其实很容易被发现，总结起来，关键是要从客户的角度去考虑问题。客户喜欢什么，需要什么；客户讨厌什么，忌讳什么，这些你都要通过细心观察来了解。客户不喜欢百合花香味，你在与他交往的过程中就要小心避免；客户对个人卫生要求非常高，那么你在接待客户时为他安排的旅馆等就一定要有配套的卫生设施……不要小看这些细节，它们很可能成为主导客户对你印象的决定性因素。

日本著名销售大师柴田和子曾经说过，要想获得客户的拥护和忠诚，就要像“爱的使者”一样出现在客户面前，用真诚打动客户。而打动客户的秘诀就在于注重细节。

回想一下你的销售过程，仔细思考一下你与客户打交道的过程，回顾一下自己还可以做得更好的方面。很快，你的客户就会惊喜地发现，你对他是“越来越好”了！

要想在细节上让客户感觉到你的进步，让他发现你对他的好，只要做到两点就会见奇效。

（1）检查一下，必须做的做了没有

细节可以分为很多类。有些细节是客户感情中的禁区，习惯上的禁忌，对这一类细节你就一定要多加注意。甚至在每次与客户交流之后，在下次交流之前，你都要先进行一下自省活动：哪些是我应该做而没有做到的；哪些是没有要求做，但我做了。避免了这些重大错误，你与客户的关系就能不断进步。

（2）做不做都可以的，一定要做

除了必须要注意的细节，还有一些细节是可有可无的。许多销售员不自觉地忽视了它们的作用，可事实上，它们正是决定你是否能做得更好的关键。必须做到的细节你做了，这仅仅是基本要求；做不做都可以的你做了，那才是你用心的表现。所以，当发现有做不做都可以的细节时，只要你还有余力，就一定要做。

地球上最经典的服务理念

在漫长的封建社会中，社会最关注的是农业生产与管理。1840年瓦特发明蒸汽机后，人类进入工业化时代，大工厂的机械化生产得到关注，现代管理学也随之发展起来。但是一直到第二次世界大战结束后，服务管理一直是被人们遗忘的角落。20世纪70年代末期，石油危机引发的全球金融危机使得很多服务型企业陷入亏损，于是全社会才开始专心研究服务。

1. 地球上最经典的服务理念

前面讲述了客户评价服务的两个维度，一个是服务结果，一个是服务过程，也讲述了客户对服务结果与过程的评价受到企业形象的影响，但这三个因素最终形成了客户对服务的感知。感知是一个心理学名词，《现代汉语词典》对它的解释是：客观事物通过感觉器官在人脑中的直接反映。服务人员的问候、手势、言行等就是一个客观事物，这个客观事物通过客户的视觉、听觉被大脑所识别，就形成了感知。看来感知不是感受，而是对客户事物的一种察觉。

“先生，这次理发费用一共是 30 元。”

“30 元？这么便宜啊！两个月前你给我理发的时候怎么是 40 元？”

“我们这里是铁打的士兵流水的老板，上个月换老板了，所有的活儿都降价了。”

30 元是客户对价格的感知，对现实的 30 元的感知与自己原有期望的 40 元对比之后，产生了便宜的感觉，将这种感觉表达出来，就是客户对价格的评价，评价反映到企业就是满意或不满意的指标。我们研究服务如何让客户满意，千万别只顾提升客户感知到的服务水平，而忘了客户期望这个重要因素。如果感知和期望相等，就是满意；如果感知超越了期望，就是非常满意；如果感知低于期望，那就是不满意。

2. 客户满意的公式

我们可以将客户感知服务质量标准称为“客户满意模型”，它非常经典地阐述了影响客户满意的因素：如果客户感知到的服务正好与他的期望相吻合，客户得到的即是他想得到的，于是一定会给予满意的评价；如果客户感知到的服务超越了他的期望，客户认为得到的大于他期望得到的，于是就产生了一份惊喜；如果客户感知到的服务小于他的期望，客户认为得到的没有满足他的期望，于是就会对服务产生不满的评价。

由此可以得出下列公式：

客户对服务的期望 = 客户对服务的感知——客户评价为满意。

客户对服务的期望 > 客户对服务的感知——客户评价为不满意。

客户对服务的期望 < 客户对服务的感知——客户评价为非常满意。

3. 是谁决定了服务质量

你的服务做得再好，客户如果没有感知到，就不会认为你服务做得好，所以我们应该好好研究一下如何增强客户的感知。同时，客户满意与否是客户将服务与自己期望比较的结果，良好的服务质量面对不合理的或者过高的客户期望，也难以达到客户满意，所以让客户满意就是降低客户期望的过程。

提升企业服务质量，一定要从增强客户感知和降低客户期望这两个角度去做，缺一不可。

有这样一个案例：

一位朋友要赶飞机，到机场才发现手机丢了，可是出差去外地需要用手机。于是他就在机场的小店里面买了一部手机和一个新号码，虽然功能差一些，款式也比较老，但是能凑合用就行了。因为他的期望是到外地能和同事联系上，其他都无所谓。

当顾客为这款手机付款的一刹那，就表示他已经认可了这个产品。作为客户的他满意吗？他当然觉得这部手机不那么称心如意，但是在那个时刻能买到就行，能凑合用就满意，因为事情紧急，客户的期望就降低了，或许还很庆幸自己没耽误飞机。但是这个满意能说明什么问题呢？实际上什么都说明不了。

客户有很多期望，我们提供的服务只要能满足顾客最基础的期望，很多客户就会给出满意的评价。如果我们提供的服务更好一些，过程更精致一些，客户对服务或产品的感受就会更好，但是客户的评价或许还是那两个字——“满意”。如果当时我的朋友不赶飞机，他就可以在几个商场里精挑细选，直到选到理想的、完全满足期望的产品，这时他的评价又是什么？或许还是那两个字——“满意”。其实客户花钱购买就是建立在对产品认可的基础上，你认可了产品就会围绕“满意”两个字来展开评价。虽然此满意非彼满意，但反映在调查表中的结果却都是同样两个字，反映在企业考核报表中的满意度，也看不出客户是凑合给出的满意，还是超越期望而给出的满意。

客户的满意不是一个固定的标准，而是一个区间，这个区间宽泛得甚至超出你的想象。企业提供的服务只要能落在客户可接受的区间内，就可以达到客户满意。客户无奈之下凑合接受、勉强接受的服务可以说是服务的底线，完全实现理想的服务可以说是服务的上线，但这两种情况都不占多数，绝大多数都是介于这两者之间。举例来讲，销售人员与客户约定好了拜访时间，如果没有特别需要，见面时间迟到了三五分钟，客户一定可以接受；如果迟到 15 分钟，提前给予合理的解释，客户也可以接受；如果迟到半个小时以上，就算解释再合理客户也会产生不满。如果你提前 10 分钟到了，客户觉得你很严谨；如果你提前一个小时到，客户会觉得你不会安排时间，到得太早也会产生不满的感觉。我们发现，客户可容忍的区间就是提前 20 分钟至迟到 30 分钟。

如果你到达的时间落在客户可以接受的区域之内，客户就会对你服务的及时性评价为满意；如果落在了不可接受的区域内，就会评价为不满。不同客户的容忍区间是不一样的，有的人迟到 10 分钟就会着急，有的人迟到一小时也能接受。这个区域的大小还在于服务人员会不会有效地引导客户的期望，先定好客户对时间的理解。如何设计这个合理的区间，关系到服务人员执行的标准与工作的难易程度，也直接关系到客户的满意度。其实，寻求客户满意的过程，就是探究并掌握客户可接受区间的过程。

在很多银行的营业厅办理完业务的时候，柜台里面的服务人员都会提醒我们，对他们的服务做出评价。客户的手边有一个小牌子，上面写着三个词：满意、一般、不满意，绝大多数人都是按一下“满意”，转身就走。你期望的是办理业务，业务办理完毕你当然给满意的评价，因为达到了对这次服务的期望，于是就认为服务是合格的。合格是多少分？60分而已。

你对这次服务评价为满意，那么下次要办理业务时是不是一定会到这家银行？那可不一定，因为没有人会对某一次60分的服务产生忠诚。于是我们验证了服务行业中的一句名言：满意不等于忠诚。客户满意，是因为你做了客户期望你做的，你达到客户的期望，那是你该做的，但是不会让客户忠诚。

如果企业将客户满意度作为考核服务水平的标准，那么满意度就应该是衡量企业服务水平的最基础的评价标准。客户来到你面前，你起码也要完成客户对你的要求或期望吧。满意只是客户接受服务的下限，只是一个及格分。即使你的企业真正达到100%的客户满意度，也仅仅说明你的客户中没有人给你不及格的分数，况且这个世界上也不可能有让所有客户都满意的服务。

第四讲　宽容心：永远不要与客户争辩

希尔顿酒店：用微笑来对待上帝

100多年来，希尔顿酒店的每一位员工在行为和思想中都贯彻着“顾客至上，微笑服务”这一服务理念，正是这样的微笑，使希尔顿酒店的生意顺风顺水，也为其发展积累了雄厚的资本。

希尔顿国际酒店集团经营管理着403家酒店，包括261家希尔顿酒店、142家面向中端市场的“斯堪的克”酒店，以及与总部设在北美的希尔顿酒店管理公司合资经营的、分布在12个国家中的18家“康拉德”(亦称“港丽”)酒店。它与希尔顿酒店管理公司组合的全球营销联盟，令世界范围内双方旗下酒店总数超过了2700家，其中500多家酒店共同使用希尔顿的品牌。希尔顿国际酒店集团在全球80个国家内有着逾7.1万名雇员。

希尔顿酒店是世界著名酒店集团中的一员，其创始人康纳·希尔顿曾经这样说过：“无论旅店本身遭受的困难如何，希尔顿旅馆服务员脸上的微笑，永远是属于旅客的阳光。”无论是不是希尔顿酒店的顾客，当听到或看到这句话时都愿意住进希尔顿酒店，因为每个顾客都希望得到尊重和良好的服务。当希尔顿酒店与顾客引起共鸣时，说明希尔顿酒店能真正为顾客考虑，这也是希尔顿酒店成功的原因之一。

顾客往往想从商家那里得到尊重和关爱，良好的服务就是商家对顾客最好的尊重。当顾客感到自己被尊重和关爱后，幸福感就会在其心里油然而生，他就会记住这个商家，并把它作为自己以后下榻的地方，成为这个商家的忠实顾客。

在这个世界上，利润对于商家来说就是生命。每个商家都想从商业中得到源源不断的利润，利润来源于客源。所以，商家就需要稳住现有客源并去发展新的客源，特别是忠实的客源。

企业已经在人类社会中发展了很久，但企业的命运却不一样，有的企业消失了，有的企业诞生了。在企业的发展中，如何让企业生存几年、十几年、几十年、一百年甚至更长时间，一直是企业管理者思考的问题。那么如何让企业生存的更久呢？

钢铁大王卡内基曾经说过这样的话：“笑是人类的特权。”微笑可以让人与人之间建立起情感的桥梁，对于服务行业来说，微笑能拉近服务人员与顾客的距离。当服务人员对顾客微笑时，顾客心里就会感觉特别舒服和温暖，他们就会对服务人员的服务态度和店铺的整体印象有一个初步的判断，所以说，语言有时候也无法跟无声的微笑相比。在日常的生活中，微笑一下对于每一个人来说再普通不过了，但它代表着这个人的生活方式和工作态度。若要把微笑融入到服务行业中去，所带来的经济效益是无法估量的。

“顾客至上，微笑服务”，在康纳·希尔顿看来是让企业永葆青春和活力的重要原因之一。正因为如此，微笑已经贯穿到康纳·希尔顿日常的生活中去了，他常常对自己说：“今天你微笑了吗？”这句话甚至已经成为希尔顿酒店的一句店训。

在这个世界上，也许很多人没有住过希尔顿酒店，甚至这辈子都没有机会住进希尔顿酒店中去，但一提到希尔顿，人们首先想到的是希尔顿酒店，甚至在很多时候，它被作为声望、财富和地位的象征。在100多年来，很多世界名流和国家政要都把希尔顿酒店作为其首选的下榻地。接待过各界名流和各国政要已经成为希尔顿酒店的一张名片，对于希尔顿酒店来说，它是荣誉，更是一种无形的资产。

声誉对于一个想在市场上发展的企业来说是很重要的。因此，康纳·希尔顿把声誉放在能使希尔顿酒店生存和发展的第一位，因为他相信，拥有了声誉就拥有了未来。正因为如此，他一直把“顾客至上，微笑服务”作为自己的座右铭和希尔顿酒店的店训。

怎样才能把声誉传播出去呢？声誉来自商家服务过的顾客，只有顾客接受到商家贴心的服务时，感受到温暖和幸福，才能把温暖继续传递给周围的人。酒店的成败与声誉的好坏有着直接的关系，对于国际顶级的希尔顿酒店来说也同样如此。“顾客至上，微笑服务”这种真诚服务的理念，让已经百年的希尔顿酒店在当今依然充满生机和活力。百年辉煌的希尔顿酒店无疑证明了作为希尔顿酒店的创始人和掌舵者的康纳·希尔顿是一位成功的管理者。

国家的兴衰直接受国家领导人的思维观念和目光远近高低的影响，企业的成败同样也直接受领导者的智慧和能力的影响。正是因为康纳·希尔顿在酒店成立之初，就为希尔顿酒店未来的发展铺好了道路，使得历经百年风雨洗礼后的希尔顿酒店依然充满生机和活力，并稳居世界酒店行业的龙头。来自全世界顾客和同行业对希尔顿酒店的赞美，证明了康纳·希尔顿是成功的，在酒店成立之初的努力没有白费。

“顾客至上，微笑服务”这一理念不仅为希尔顿酒店提供了源源不断的客源，也为其创造酒店帝国梦想提供了自信心。当同行都委靡不振、濒临破产时，希尔顿却在向他的目标发起冲击；当同行都在圈钱时，希尔顿却一如既往地坚持着“顾客至上，微笑服务”这一理念。不同的理念造就了企业不同的命运，其他同行都破产倒闭了，而希尔顿酒店却生存了下来。

在生活中人们经常问：“你愿意做一个哲学博士，经常神情忧郁，还是愿意做一个小学生，虽然学历不高，但天真烂漫，经常有灿烂的微笑？”相信聪明的人都会选择后者。同样，服务行业店员的微笑会感染到顾客，让人们从会心的一笑中看到这个企业的服务理念和服务态度，从事过服务行业的人都知道这样的道理。对于聪明的希尔顿来说，这也是他创造微笑服务理念的初衷。

有一次，当希尔顿在母亲面前炫耀自己的成功时，母亲却严肃地对兴奋的希尔顿说：“孩子，你有钱或者没钱对我来说跟从前都是一样的……在你成功有钱的时候，你务必知道什么是比钱更重要的东西。对于经营饭店来说，除了尊重顾客，还得想办法留住顾客，怎样让第一次住过希尔顿饭店的人，还想来住第二次、第三次、第四次……首先你得让人们对希尔顿酒店留下美好的印象，想用一种容易、简单，既行之有效又不是钱能做到的办法来吸引顾客。只有这样，你的饭店才能前途光明，长久经营。”

希尔顿听了母亲这番话后，深深地思考了一下酒店的状况，确实是顾客来来往往，回头客很少，但大部分都是陌生的新面孔。怎样才能用一种既容易、简单，既行之有效又不是钱能做到的办法吸引顾客，留住顾客呢？希尔顿想了很久，也没想出这样一个办法来。

有人劝他放下匆忙的工作，去看看别人怎么做的，多走走多看看，从别人的成功与失败中也许能得到答案。于是，希尔顿以顾客的身份去商店和饭店里感受他们的服务，长时间观察后，他发现服务人员经常微笑的商店和饭店，顾客比较多，生意较好，他心里暗自窃喜，他终于找到了他想要的答案——微笑服务。他终于明白了，只有每一个员工都面带微笑地去服务，才能吸引顾客，自己的酒店才能经营好，生意才能兴隆。这也是为什么希尔顿把“微笑服务”作为希尔顿酒店的经营策略的原因。

希尔顿曾经对员工说过这样的话，顾客把员工的一举一动记在心中，如果你对他们态度好，顾客就会对酒店产生认同。为了达到顾客的满意，希尔顿要求员工无论遇到什么困难，都要微笑对待。他不仅是这样要求自己的员工的，而且自己也是这样做的。

现如今，当你住进希尔顿大饭店的时候，不仅会看到一流的设备和享受到周到的服务，而且能找到家的感觉，温馨和煦。住过希尔顿酒店的人都会记住让人如沐春风的感觉，员工脸上始终挂着的微笑和他们提供的严谨的服务。在希尔顿酒店，员工从来不会叫错顾客的名字，他们所提供的服务几乎都能做到顾客心里去。

顾客是上帝，只有在思考问题时都能站在顾客的角度去考虑，才能为顾客提供亲切舒适的服务，才能让顾客满意。每一位顾客都希望自己被尊重，获得满意的服务，“微笑服务”正好迎合了消费者的心理，所以顾客纷至沓来。

再美丽的花园没有阳光也会枯萎，再幸福的生活缺少了微笑也会变得平淡无味。如果员工不能领会微笑服务的内涵，即使微笑服务也是生硬的，为此，希尔顿管理者制定了一套完整的规则和步骤来规范员工的服务意识。例如，真诚可亲的微笑是源于内心的，首先要培养员工热爱本职工作，热爱自己服务的酒店，要有把进入到酒店的每一位顾客当亲人的意识；其次，把语言温馨、举止规范礼貌、态度和蔼、微笑等素质作为量化考核的指标，实行奖惩分明，把微笑服务提高到比任何硬件设施都重要的位置。

作为一种天然资源的微笑能带给人亲切、宽厚和谦和的印象，能表达出对顾客的尊重、理解和关爱。并不是钱能买到的微笑，却是一种无形的资产，它能给企业带来实实在在的利润，能创造传奇和成功。

正如希尔顿在他的著作《宾至如归》一书中所写，饭店、旅馆都是服务和款待的行业，为了让客户对自己的服务感到满意，希尔顿帝国让每一个角落都布满笑容。在团队的组织结构上，希尔顿更是尽力打造一个尽可能完备的系统，让团队成为一个综合性的服务机构。

为了实现这个目标，希尔顿饭店尝试了多元化的经营，除了提供完善的食宿外，还设有宴会厅、游泳池、服装店、购物中心、出租汽车站、银行、邮电、航空公司代理处、会议室、花店、咖啡室、旅行社等一套完整的服务机构和设施。在客户住宿房间的安排上，饭店更是为客户提供了单人房、双人房、套房，以及为国家首脑级官员提供的豪华套房。希尔顿饭店客房有餐厅，分为高级餐厅和方便的快餐厅，室内电话、电冰箱、彩色电视机、酒柜、收音机等应有尽有，给旅客一种真正的“宾至如归”感。

一个企业的礼仪往往能体现出这个企业的精神风貌。企业礼仪通常包括经营作风、员工风度、待客礼仪、环境布置风格以及内部的信息沟通方式等内容。优秀的企业理念和固有的传统往往通过富有人情味的良好企业礼仪体现出来。“顾客至上，微笑服务”不仅使希尔顿酒店保持了百年基业常青，而且塑造了希尔顿酒店的企业形象和企业精神。

“你今天对客人微笑了没有？”这是希尔顿外出视察时问员工最多的话。这句话已经成为希尔顿酒店一种独特的企业文化，无论是员工还是领导者都贯穿着这一理念。

作为当今酒店业领头羊的希尔顿酒店，以它百年不变的微笑，正助力其向下一个新的征程迈进。

永远不要与客户争辩

老子《道德经》第四十三章中说：“天下之至柔，驰骋天下之至坚。”水很柔软但是能够以柔克刚，暗示了为人处世的道理。我们如果能像水一样自然无为，就能做到心静如水，不主动进行争名夺利的残酷纷争，却又

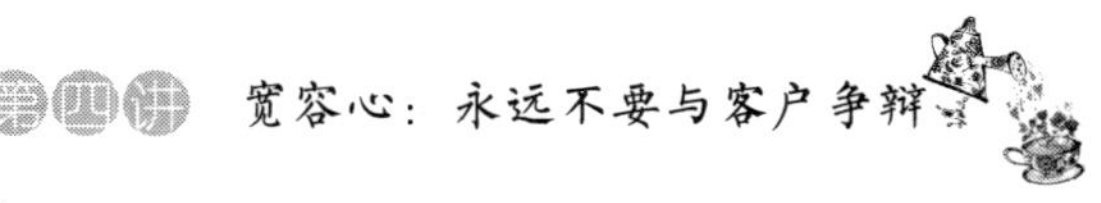

能战胜最强硬的事物，自然取得成功。

在客服工作中，客服人员也应当懂得使用这种方法。最简单具体的例子就是遇到脾气暴躁的客户投诉时，千万别跟客户硬碰硬，就算是客户的问题，客服人员也不应采取强硬手段，而要使用多种委婉的方法，使客户投诉的问题得到解决，令客户满意。

优秀的客服人员是不会与客户争论辩解的。在客户面前故意卖弄专业术语，并不是客服人员有修养的表现；而在客户面前能用委婉的语气和客户能懂的语言来给客户解决问题，才是优秀的客户代表的表现。

我们看下面两个案例：

【案例一】

客户：“你们公司的产品质量为什么这么差？”

客服：“你用的是我们的产品吗？如果是我们的产品，不可能吧？”

客户：“那你就是说我骗你了？”

客服：“我可没说，这是你自己以为的。”

客户：“你什么意思？”

客服：“我还想知道你什么意思呢？”

客户：“我用了你们的产品坏了，你们不是质量差吗？”

客服：“那怎么别人的都不坏，就你的坏了？”

……

【案例二】

客户：“你们公司的产品质量为什么这么差？”

客服：“嗯，如果给您带来不便，真是不好意思。请问您用的产品是什么型号的？”

客户：“ZH530L。”

客服：“请问您是什么时候购买的呢？”

客户：“上个月。”

客服：“上个月的几号呢？”

客户：“不记得了！”

客服：“嗯，那这样吧，先生，您回去好好找一下保修卡和发票，找到了您再打电话给我，我帮您联系技术部门检测一下，好吗？”

客户：“哦，这样啊，那好吧。”

……

通过以上两个案例的比较，我们就可以知道一个客服人员的自身素质对服务客户的重要性。

一个优秀的客户服务代表不会只从自己的角度看问题，而是从客户的角度来思考问题。越是从客户的角度出发思考问题，越容易解决问题；越是能帮助客户解决问题，客户就会越来越多，越来越忠诚于企业。

客户服务的宗旨就是在满足客户需求、解决客户问题的时候，也不会伤害到客户的心情和情感。优秀的客户服务代表是在帮助客户解决问题，而不是与客户去争论谁对谁错。

1．与客户争执最不明智

根据相关研究，客户之所以购买企业的产品，对企业的品牌具有感情，是因为客户对企业及其产品满意。而让客户满意的前提条件是，企业需要给予客户持续不断、细致入微的关心。

而市场经营的过程就是让客户亲身体验这种被关心的过程，客户所获得的切身感受直接影响着他们的满意度。而当客户的满意度积累到一定程度之后，就会形成对企业及其产品的忠诚度。忠诚度对企业确保竞争优势至关重要，须知，开发新客户的成本往往是维护老客户成本的5～8倍。

服务工作不需要做得轰轰烈烈，而需要一点一滴默默地改善。服务行业所追求的最高境界是不仅仅是使顾客的需求得到满足，还包括为顾客提供他们所意想不到的服务。因此，做好客户服务的基本要求是“柔”，只有这样才能得到好的效果。

在客户投诉的过程中，客服人员不能与客户争执。我们的目的是为了倾听事实，进而寻求解决之道。争论只会妨碍我们聆听客户的观点，不利于缓解客户的不良情绪。

权威人士指出：“99%的客户都确信自己的批评是正确的。”因此，争论谁对谁错毫无意义，只会激化矛盾，让已经不满意的客户更加不满。而我们的职责是挽回这些已经产生不满的客户，所以，我们就要采取柔和的方法来处理问题。专家统计分析得出，寻求客户的满意，甚至对客户进行必要赔偿，这些行为所带来的收益，将会是补偿成本的数倍。

“永远不要跟我们的客户发生争执”，这是服务人员在服务客户时应该谨记的一句话。无论是争吵还是激烈的对抗，对服务人员来说，都不是一种明智的选择。能够在跟客户争执中获益的事还从来没有听说过，跟客户论出一个是非曲直对增加业绩和利润并没有什么好处。对待有异议的客户，可采取以下处理方法：

（1）记下客户抱怨的原因

面对客户投诉时，服务人员首先要冷静地记下客户发生抱怨的原因，详细询问事情的经过。等客户的情绪得到宣泄后，再予以处理。

（2）不管客户对错，不要立即与客户争论或辩解

有一个著名的客服人员曾因为当面指责客户的错误得到过深刻的教

训。他说:“多次服务失败,使我认识到,当面指责客户是一件多么可笑的事。我们的服务人员即使可以赢得辩论,但我们的服务将大打折扣,使客户背离我们。”

（3）耐心倾听客户的诉说，客观地研究客户提出的意见

在客户表达自己意见时，客服人员千万不可中途插嘴，特别是不能在对方没讲完时，就提出否定性的意见，否则问题会变得更加复杂。所以我们必须先听完客户的话，接着再满怀诚意地作答。

服务人员可以遵守以下几个原则：

一是与客户发生争执永远没有胜者。

二是赢得客户的同情，把客户提出的意见看成是留住客户和改善服务的一个不容错过的机会。

三是使客户的“面子”永远是“正确”的。不要当面指责客户，不与客户发生冲突，自己的调子低一点，永远保持礼貌、谦虚、谦恭的态度，这是每一位渴望成功的服务人员都应该做到的。

2. 温暖的体贴更有效果

北风与太阳各不谦让，都争着夸耀自己的本事比对方强，正当它们争论得面红耳赤之时，来了一位穿大衣的老人。太阳对北风说：“谁能先让那位老人把大衣脱掉，谁就最有本领。”

北风答应了，并且非常骄傲地说：“当然是我北风最强，你看，我马上就能把大衣吹下来。”说着，它鼓足了劲，使劲向那老人吹去。谁知道吹得越用力，老人将大衣裹得越紧。最后，北风只得罢手。这时，太阳从乌云后边露出脸来，并笑眯眯地逐渐增加着温度。只见老人不断地擦汗，接着就把大衣脱下来了。

太阳于是对北风说："温暖地体贴别人，比强硬地迫使别人更有效果！"

太阳的温柔战胜了北风的强硬，这给我们指出了温柔胜过强硬的道理。《道德经》第三十六章中说："将欲歙之，必固张之；将欲弱之，必固强之；将欲废之，必固兴之；将欲夺之，必固与之。是谓微明。柔弱胜刚强。"意思就是说，要想使事物敛聚一起，必先使之扩散开来；想使事物衰弱下去，必先使它强壮起来；要想把事物废弃掉，必先让它兴旺起来；要想让事物据为己有，必先给予令其满足。这是事物极其精微细密之明。事物的规律是柔弱胜刚强。

"柔弱胜刚强"的道理应用在客户投诉中的具体做法如下：

（1）平抑怒气法

客户投诉时往往怒气冲天，表现强硬。如果这时客服人员以怒气应对怒气、以硬碰硬进行处理，往往会造成不可收拾的结果。遵循"柔弱胜刚强"的处理思想，则往往会得到意想不到的结果。

客户带着怒气投诉或抱怨，这是十分正常的现象。此时，客服人员首先应当态度谦和地接受客户的投诉或抱怨，引导客户讲出原因，然后针对问题解决。这种方法适用于所有抱怨和投诉处理，而且是采用最多的一种方法。

这种方法应把握三个要点：一倾听，认真地倾听客户的投诉、抱怨，弄清楚客户不满的要点所在；二表态，表明对此事的态度，使客户感到你有诚意来对待他们的投诉或抱怨；三承诺，能够马上解决的当时就解决，不能马上解决的要给一个明确的承诺，直到客户感到满意为止。

（2）委婉否认法

"委婉否认"比"直接否认"更能让客户接受，这是迂回的策略。

在客户提出投诉问题之后，我们认为客户的要求超出公司的规定范围或不被公司认可时，这种方法适用于澄清客户的错误想法、鼓励客户进一步提出自己的想法、意见等方面，常常能取得出人意料的显著效果。

例如，当客户投诉的原因是某公司信号不稳定导致生意受到损失，要求公司进行赔偿时，客服人员首先要向客户表示歉意，真诚对待客户。然后，在安抚客户的同时，尽快引导客户说出问题的要点，表明公司对网络问题的重视程度，使客户相信信号问题可以得到解决。

使用委婉否认法时，应注意以下用语：

“是的，但是……”这种语句有着极强烈的否定性，因此，应用时可将其改为较委婉的“是……而……”句型，或者尽量避免出现“而”“但是”之类的转折词语。另外，还可以使用“除非……”的句型。

（3）转化法

这种方法适用于因误解所导致的投诉或抱怨。在处理这种抱怨时，应当首先让客户明白问题所在，当客户明白是因为自己的误解导致争议时，问题也就解决了。

应用此法时应注意：客服人员必须要经验丰富并且精通促销和服务技巧，因为只有这样的客服人员，才能在与客户的谈话中抓住问题，当机立断，适时巧妙地将客户误解澄清。

转化方式要轻松自然，这种方法运用恰当，客户会理解，若转化不当，反而会弄巧成拙，使客户更加生气，增加客服的阻力。因此，客服人员在用此法时应保持心平气和的态度，即使客户异议明显缺乏事实根据，也不能直接当面驳斥，而应当旁敲侧击、启发和暗示客户。

（4）承认错误法

如果公司产品有瑕疵或服务质量不能令客户满意，就应当立即承认错误，并争取获得客户的谅解，而不能推卸责任，或者找借口。因为客户有道理时，任何推诿之词都会使矛盾激化。承认错误是第一步，接着应当在

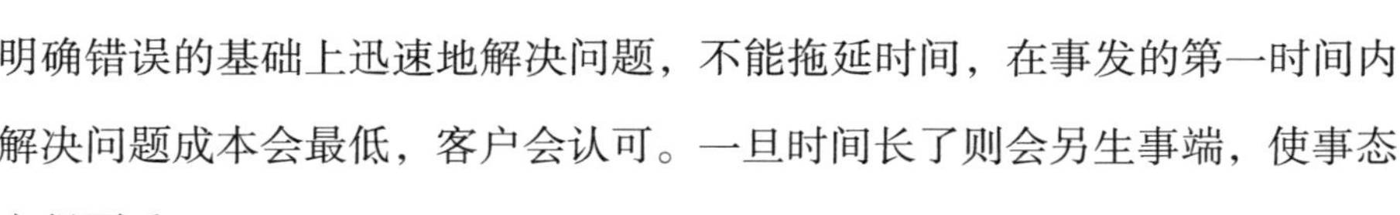

明确错误的基础上迅速地解决问题，不能拖延时间，在事发的第一时间内解决问题成本会最低，客户会认可。一旦时间长了则会另生事端，使事态变得严重。

（5）转移法

转移是指对客户的异议可以不予理睬便将话题转入其他方面。有时客户提出异议本身就是无事生非，甚至比较荒谬。这时最好不予理睬，而应该迅速转移话题，使客户感到你不想与他加剧矛盾。

应用转移法，客服人员应注意以下几点：

第一，只有当客服人员认为客户的异议是无事生非，或者是荒谬的异议时，才能使用这种方法。

第二，客服人员对客户无关紧要的异议可以有不予理睬的念头，但通话过程中应显得自然平淡、若无其事，不要让客户听出破绽，以免使客户产生被冷落的想法。同理，当客服人员认为客户异议已经不存在时，应当适时自然地转入另一个话题。

第三，如果客户再度提起异议，客服人员便不能不理会了。因为既然客户再度提起，表明客户已经把该问题认真对待，也表明这个意见对他很重要。此时，客服人员绝不能不理不睬，应运用其他方法以转化和消除客户异议。

对客户投诉做到了如指掌

老子在《道德经》里这样说：“道，可道，非常道。名，可名，非常名。无，名天地之始；有，名万物之母。”真正的“道”是讲不清楚的，能用语言讲得清楚的，也就不是真正的“道”了。事物本来是没有名字的，能被命名的，也就失去了它本来的意义。

客户投诉中也是如此，应对客户投诉的方法是讲不清楚的，能讲清楚的方法，下次用也没有效果了。我们分析的都是过去的案例，未来发生的投诉案例是不会有百分之百一样的，所以，如果不懂得应变，即使学了再多的方法和技巧，也不能很好地处理客户的投诉。

“有”就是原则制度，“无”就是没有章法，虽然看起来这两者相互矛盾，但其实是辩证统一的。投诉中，“原则”是我们的底线，而没有章法是我们灵活的表现，投诉处理的最高境界也就是形散而神不散。其中“形”是方法，而“神”就是底线。

针对客户的投诉，如果始终坚持“投诉客户有千种妙计，我有一定之规”的处理原则，我们就不会处于被动的境地。那么，如何应用老子的这种“有”的思想，在客户投诉中应对其千变万化的需求呢？

1．收集投诉客户信息

只有尽可能多的收集客户信息，才能更好地把握客户，并掌握客户投诉的心理过程。

在接听客户投诉电话的过程中，认真倾听，及时记录，才能找到客户投诉的真正原因。在客户投诉处理中心，只能通过电话倾听客户的投诉，为完全了解客户投诉的真正原因增加了困难。但是，一些非常有经验的客户服务代表却能在短暂的时间内，通过与客户交流掌握客户投诉的真正原因，给客户以满意的答复。

那么，如何才能有效地收集客户的信息呢？一般来说，包括以下几个步骤：

（1）认真倾听投诉内容

通过倾听客户的投诉内容，从而确定相关的具体受理单位和受理负责人。

不论客户投诉的问题合理或不合理，专业的客户服务代表并不会去打断客户的陈述，而会适时地向客户表示认同与回应，仔细聆听，分析客户来电的真正目的。

同时，通过适当的时机切入问题的关键之处，掌控沟通的局面，让客户了解公司的做法，缓解客户的抱怨情绪。假如客户服务代表只是一味地和客户抢话，或是急于表达自己的立场，那么只会激起客户的反抗情绪，造成交谈场面失控。

（2）记录投诉内容

利用客户投诉记录表、日常记事本或者客户管理软件等，将客户投诉的全部内容详细地记录下来，如投诉人、投诉时间、投诉对象、投诉要求等。在争议重点的地方要进行详细的记录，以便查询。

（3）判定投诉是否成立

在了解客户投诉的内容以后，还要判定客户投诉的理由是否充分，要求是否合理，投诉是否成立。假如投诉不能成立，便可以用婉转的方式答复客户，努力获得客户的谅解，消除误会。

（4）提出处理方案

客户服务代表在面对每一位投诉者时，都会因为投诉对象不同、要求不同或者话题不同而处于不同的沟通环境。优秀的客户服务代表应及时掌握客户投诉的具体原因及造成客户的损失和事件责任人，从而提出处理方案。

2. 掌握投诉客户类型

我们要根据不同的客户类型采取合适的行动方案。在处理客户投诉时，可以根据他们的言谈，分析出他们的具体类型。在辨别出客户的类型后，再有针对性地寻找解决之道。按投诉特点可以将客户分为牢骚型、谈判型、理智型和骚扰型。

牢骚型：以发泄为主，情绪激动不需要解决实际问题。以安抚为主。

谈判型：不但情绪激动，且要解决问题，如要求赔偿等。应以谈判和协商为主。

理智型：投诉主要目的为解决问题，若不能解决问题则按照规则办事。这类人开门见山，直奔主题，没有情绪色彩，非常理性，应抓紧时间解决问题。

骚扰型：没有正常目的，情绪缓和，闲聊，挑逗，漫无边际。可以适当引导挂机，保留证据，必要时刻可以报警。

3. 领会客户投诉动机

其实，早在接通电话之时，客户服务代表就已经开始进入沟通的阶段，此时仍然需要进一步进行需求辨认——了解客户的需求和动机。

辨认和领会是建立在有效倾听的基础上的。倾听和正确解读客户的问题，将为了解客户的需求，甚至为你的下一步工作奠定良好的基础。同时，你要听得出来客户投诉背后的动机，这个答案常常是无法通过直接提问得到的。这时，你就需要辨认和领会了。

一般情况下，在辨认和领会的过程中有几点需要注意：

第一，避免不了解客户需求而直接做投诉处理。

第二，避免一次提一个以上的问题。

第三，适当的沉默。不要试图以为你的问题可以挖掘出客户的所有需求和全部动机。所以，适当的沉默，给客户思考和主动说话的机会比你设计的任何问题都更有价值。

4. 化解与客户的矛盾

相信大家都知道这样一句话：失之毫厘，谬以千里。

客户服务代表每天要接听几十个甚至上百个客户的电话，难免会遇到抱怨和投诉。

当抱怨和投诉发生时，首先要调整观念，其次要找方法帮助客户解决问题。这时候需要我们多一分理解，用心去了解客户的抱怨和投诉。客户抱怨和投诉不是找碴儿，而是给了我们一次提高和改善工作方法和服务的机会。

矛盾可谓无处不在，我们只有不断地化解它，把大事化小，小事化了，才能够无敌于天下。

老子《道德经》第二章中说："天下皆知美之为美，斯恶已。皆知善之为善，斯不善已。有无相生，难易相成，长短相形，高下相盈，音声相和，前后相随。恒也。是以圣人处无为之事，行不言之教；万物作而弗始，生而弗有，为而弗恃，功成而不居。夫唯弗居，是以不去。"

这段话的意思是天下的人有了对审美的标准，丑的概念也就形成了。对善良有了标准，不善良也就出现了。有和无、难和易、长和短、高和下、音和声、前和后其实都是相对的，这个是不会改变的。所以有道的人用无为的方式来对待别人，用感化的方式来教育别人。让万物自然的开始，自然的生长，关注而不强加自己的意愿，即使功成名就也不据为己有。就是因为不据为己有，所以才永远都不会失去。

这段哲语在投诉中的应用主要体现在态度和观点上。当投诉处理人员对投诉事件有了主观的见解时，内心深处的处理标准也就形成了。也就是说，当你认为投诉的客户是不对的时候，那么客户说什么，你都不会去相信他，错的概念也就形成了，这样从心理上，我们也就形成了与客户对立的心态，是不利于企业解决客户矛盾的。

在投诉中，对和错、得和失、多和少都是相对的，没有绝对的对和错，关键看站在谁的立场上。所以，一个优秀的投诉处理人员是用顺其自然的处理方式来与客户交流，用真心去感化客户，而不是讽刺与嘲笑客户。因为，优秀的投诉人员不会把自己的想法和意愿强加到客户的身上，这样就不会失去客户或者被客户拒绝。优秀的投诉人员从来就不曾要求过客户做什么，这样企业才能保证始终立于不败之地。

我们与客户之间的矛盾主要体现在客户的不满意以及由不满而引起的抱怨，抱怨未得到很好解决而引起的投诉，投诉未得到满意的解决而引起的控告等。

这些矛盾都需要我们秉承“客户就是上帝”的理念以及“和气生财”的双赢原则，努力做到减少不满、消除抱怨、善待投诉和避免控告四项工作，以理服人，以情感人，巧妙地给予化解，从而有效地维护企业的品牌。

权威机构的调查显示，不满意的客户中有90%是从来不抱怨的，他们只是保持沉默，当他们感到某个品牌的产品或服务有什么使他们不满意了，他们就直接抛弃原来的品牌而去惠顾其他品牌，并将他们的不满意告诉周围的10～20个人。因此，只有尽最大可能地使客户感到满意，才能减少客户的不满。

经过多年的研究发现，使客户不满的原因有很多，简直如同漫天灰尘，数不胜数，但归纳起来也不过来自主观和客观两个方面。在主观方面，客户通常认为自己没有受到应有的尊重，得不到相关服务人员的理解；在客观方面，产品或服务确实存在有待改进的地方。

那么，当企业与客户发生矛盾时如何进行化解呢？

（1）真诚表示歉意

向客户表达自身或企业某一方面的不足，让客户感到你对他们的关心，感受到企业对他们的重视程度。及时表示出真诚的歉意也是最直接的一种方式。

（2）及时解决问题

为客户解决问题时要越快越好，不能解决的要即时上报反馈，在最短时间内给予客户答复，这样才有可能赢得客户的满意。

（3）加强交流沟通

通过与客户沟通来聆听和发现问题的根源所在，全面掌握客户情况，关心客户经营情况，力求把企业以客户为中心的经营理念传达给客户，改变客户的态度，增强客户对企业的依存度、信赖度，进而牢牢抓住客户。

（4）改进服务工作

加强业务培训、知识更新，提高自己的应变能力与服务能力，以避免类似的问题再次出现。

帮助客户就是帮助自己

《道德经》第七十九章说：“天道无亲，常与善人。”这句话的意思是说，“天道”对于芸芸众生是一视同仁的，无偏私厚薄，而又往往无意识地暗中帮助善良的人。善良的人因为具有优秀的品质，常常能得到周围人的帮助。

作为客户服务人员，首先应该具备善良的品德，付诸善良的行动，从而提供令客户满意的服务。这样，才能从根本上减少客户投诉事件的发生。

1. 待客户如待自己

销售的本质就是提供服务，服务的根本就是销售的产品创造更多效益，就是要帮助客户解决问题。如果每一个客服人员都站在这个角度思考，那么，投诉就会越来越少。

西方人说“客户就是上帝”，东方人说“客户是衣食父母”，东、西方人达成了一个共识：商家与客户的关系可谓生死攸关，利害相连，它既是商业活动中最为重要的一对关系，也是商业文化中的核心所在。

道理虽明，但商家在实际操作过程中实有天壤之别，有的口吐莲花而心意不诚，把客户当成傻瓜欺瞒；有的则用最挑剔的眼光精心雕琢自己的产品，竭诚尽忠地善待客户。

“善待客户就是善待自己。”这句话虽朴实无华，但一字千金，从全新角度阐述了对客户的赤诚情怀。善待客户，细心体会，分析客户的每一种现实的、潜在的需求，并竭诚地为其提供服务，让客户领受你的诚心，客户才会信任你，信任你才会信任公司及其产品的服务，从而成为你的消费者、潜在的消费者或成为你的产品推广者。

客户进入消费过程后，你仍善待之，客户持续地、全方位地真切品尝到“善待”之果的甘甜，于是产生“核裂变反应”，一传十、十传百……消费群体迅速扩大，消费群体的迅速扩大又带来了“链式效应”：企业知名度、信誉度不断提高，形象品牌逐步树立，公司利润持续增长，个人利益随之增加。可见，“善待客户就是善待自己”绝非虚言。

当客户所抱怨的问题得不到很好的解决，依然对品牌有信心的客户便想“讨个说法”，因而便有了投诉一说。我们一定要善待它，千万不要对投诉抱有任何敌意。其实，投诉对品牌而言可能是一笔宝贵的财富，因为，当客户选择放弃时，那么品牌也便永远失去这个客户以及受其影响的客户；而当客户选择投诉时，说明其对品牌依然抱有信心。

若投诉能得到及时妥善地解决，这些投诉的客户或许会比没有投诉的客户更加感到心满意足，成为“品牌粉丝”也不在话下。至于这个客户的投诉能否最终成为品牌的财富，关键就看你如何处理了。

（1）站在客户的立场上将心比心

我们必须站在客户的立场上将心比心，诚心诚意地去表示理解和同情，承认自己的过失。漠视客户的痛苦是处理客户投诉的大忌。因此，在对所有客户投诉进行处理时，无论是已经被证实的，还是没有被证实的，都不会先分责任是哪一方，而是首先表示歉意，这是最重要的。

（2）想方设法平息客户的怨气

由于客户的投诉大多数属于发泄性质，所以，这些客户只要得到商家的同情和理解，就会消除怨气，他们达到心理平衡后，事情就容易解决了。因此，作为一名客户服务人员，在面对客户投诉时，一定要想方设法搞清楚客户的怨气从何而来。这样，才能对症下药，更有效地平息客户的抱怨。千万不要争辩，那往往只会火上加油，适得其反。

不妨学习一下美国一家汽车修理厂的一条服务宗旨，叫作“先修理人，后修理车”。这条服务宗旨很有意思，什么叫“先修理人，后修理车”呢？如果一个人的车坏了，那么他的心情会非常不好。因此，在接到客户投诉时，也应该先关注这个人的心情，然后再关注“汽车的维修”。“先修理人，后修理车”，这是一个简单的道理，却往往为许多客服人员所忽略。

（3）正确及时地解决客户问题

对于客户的投诉应该及时并正确地进行处理，如果拖延时间，只会让客户感到自己没有受到足够的重视，他的怨气会变得越来越强烈。

例如，如果接到客户的投诉，说产品质量不好的话，企业应及时进行调查和研究，如果发现主要是客户使用不当导致的，则需要通知客户进行维修，然后告诉他正确的使用方法，千万不能说与企业没有关系。如果发现确实是产品存在问题，企业就应该给予客户适当的补偿，并尽快告诉客户处理的结果。

事实证明，处理客户投诉是一个非常复杂的系统过程，需要客服人员始终秉承“客户就是情人”的理念，而且要贯彻执行学者谢跃龙先生提出的“五点”建议，即耐心多一点、态度好一点、动作快一点、补偿多一点、层次高一点。否则，会产生很多额外的麻烦。

面对投诉的客户，即使是客户的错误，也不要轻易指责，而是站在客户的角度，为其解决问题。客服人员像一根火柴，客户就像蜡烛，要点亮自己，才能照耀他人，感染他人。

作为一名客服人员，在客户服务上，对待投诉不抱怨，应坚持“心中有爱”，遵循行业的服务理念，为客户提供超值服务。用自己的真情来打动客户的内心，用热情来温暖客户的内心，用友情来情系客户的内心，积极化解客户的埋怨，取得客户的信任，才能与客户建立深厚感情，从而赢得客户，最终为企业赢得发展空间。

因此，优秀的客户服务代表不是光靠技能和学识就能解决问题的，更重要的是一种德行，一种心态，要从客户的角度看问题。

2. 满足客户的需求

老子说“善行无辙迹”就是行“无为之事”；“善言无瑕谪”就是行“不言之教”，因为按照自然之道，所以不用刻意追求、刻意用功，却能自然获得这种功效，自然而然不留下一点痕迹。这是希望服务者要无为而无不为，在基于本行业、专业规律的同时，而有所作为。

要符合自然大道地服务企业，服务客户。要做到“常善救人”“常善救物”，即满足客户的需求，让客户对企业所提供的产品和服务认同和满意。

一个服务者怎样能够做到这一点？怎样让客户满意？

首先，要了解客户。

只有了解客户，才能抓住客户的思维和想法上的规律，有所作为。了解客户，关键在于开发出自己本身的潜能，本身的智慧。开启了这种智慧，自然会洞悉每一个客户的秉性、特长，然后尽力满足客户的需求，让其没有抱怨，这才叫“无弃人”“无弃物”。

很多人将“不善”理解为“恶”，这是不对的。“不善”可能会变“恶”，也可能会变“善”，是“善”和“恶”的中间状态。如果以一种自然、平等、符合“道”的眼光来看待“善”与“不善”，其实就能平等地对待客户了。

所谓“善”与“不善”的价值判断本身就可能有问题，而且“善”与“不善”是可以互相转化、相互借鉴的，所以都要尊重和善待。尤其是对“不善”的人和事，不要鄙视他们、遗弃他们，要鼓励他们以“善”为师，这就叫作“要妙”，其实是大慈悲、大平等之心。

我们在处理客户投诉时，也要牢记这一点，对投诉的客户更要以大慈悲、大平等之心来对待。只有这样，才能真正处理好客户投诉问题。

一个优秀的服务人员不要区分高低、贵贱、对错，因为大道本身就是自然而然的，所谓“不善”“贱”和“错”都是人为造成的。而善的人对不善者采用不善的态度，也就成“恶”了。

所以，一个优秀的客服人员应该具有善行、善言、善数、善守、善结的优秀品质，为客户提供最完美的服务。

其次，要了解行业业务规律。

这要求客服人员对客服体系、客服流程、客服中各岗位的职责都要有深入的了解。只有掌握这些内容和规律，我们才能在自己的岗位上更好地解决客户的问题，有所作为，而不是胡乱做事，帮倒忙，从而达到“善行无辙迹”的境界。

例如，一个主管的职责：

- 对营运经理负责，分管售后服务部的全面工作。
- 确保公司的各项规章制度在其所管理区域内得到落实。
- 指导和督促总台人员做好对客户的服务工作。
- 合理分配本区域各岗位人员的工作。
- 接受和处理客户的投诉并及时向相关部门反馈。
- 跟踪售后信息反馈，负责抱怨客户的回访工作。
- 指导总台人员处理客户退换货，开具发票、寄存等工作。
- 负责客户电话预约订货、团体购物的接待。
- 监督卖场各部门员工的客户服务情况。
- 完成上级交办的其他任务。

一个总台领班的职责：

- 对主管负责，分管总台的日常工作。
- 督导和检查总台员工的各项服务工作。
- 完成主管交办的其他工作。

如果主管不清楚了解自己的职责和自己公司的管理体系及流程，把自己的工作任务遗忘，或者总台领班把自己的工作任务扩大，都会降低公司的工作效率，造成客户的不满意。这样的作为，正是不遵循“善行无辙迹”规律，刻意而为之的结果。

3. 诚信待客是王道

《老子·感应篇》中说：“祸福无门，惟人自召；善恶之报，如影随形。”就是说，祸与福，并不固定，全在人自己惹出来的，自作自受；善恶的报应如同身体和身影一样，“形正则影正，形斜则影斜”。尽管有很多学者考证认为这不是老子本人的文章，但这些观点也体现了道家思想的精髓——辩证思维与求善思想。

明朝万历年间，绍兴城里新开了一家点心店，徐文长常常光顾。

有一次店主央求他为本店写一块招牌，徐文长一挥而就，而且嘱咐店主不得改动。但是，令所有人意想不到的是，在挂出这块招牌之后，其门前立刻就站满了人，原来他把“心”字中心的一点漏掉了，因为大家都来看热闹，所以点心店的生意特别好。

但是，随着生意越来越好，店主就开始偷工减料，其点心的质量也越来越差，生意也不景气了。有一天，一个客户对店主说：“‘心’缺一点还叫‘心’吗？难怪生意不好！”于是，店主就用黑漆在“心”中间补了一点，可是生意非但没有得到好转，反而越来越不好。店主不知道是什么原因，所以就请教徐文长。

徐文长说：“‘心’无一点，引人注目，但是又使人产生一种饥饿的感觉，所以就想进来吃点心。但是，如果加上这一点之后，变成了个实心肚子，来吃的人固然也就少了。做生意千万不能贪心，如果想要让生意恢复到原来的样子，你还是把‘心’上那个黑点改成红的。”

店主恍然大悟，照办了，果然灵验。

在生意兴隆的时候就偷工减料，还自以为添上一点就可以扭转生意，结果自招祸端。事物总是由相反的两个方面构成，当一方面处理不好时，就会向另一个方面转化。

老子在《道德经》第五十八章中深刻阐释了这个观点：“祸兮福之所倚，福兮祸之所伏。孰知其极？其无正也。正复为奇，善复为妖。人之谜，其日固久。”意思是说，幸福依傍在灾祸的里面，灾祸藏伏在幸福的里面。

谁能知道究竟是灾祸还是幸福呢？它们并没有一成不变的定则。正忽然转变为邪的，善忽然转变为恶的。

如何服务棘手顾客

在情绪激动或愤怒的顾客面前保持镇定或许并不难，但如果你面前的这个人嚣张跋扈、咄咄逼人，为达目的不择手段，你还能保持镇定吗？

顾客遇到了麻烦，你理当表示理解并给予支持和帮助，不过仅仅做到这些，并不足以应付难以应对的顾客，面对态度不好的顾客，你或许会气得想用尽各种招数对付他。

但是不管你怎么生气，也一定不会直接朝着这些态度不好的顾客喊：“真是无理取闹！”这话只适合在心里对自己说。

态度不好的顾客处事风格非常简单，他们的目标是批评你、怒骂你、激怒你，以致激起你的反抗，他们奚落、嘲笑，然后你做出反应，结果，他们赢了。一旦你失去理智，你必输无疑。遇到这样的顾客，你的第一反应或许是逃走、藏起来或者狠狠地揍他一顿，但是，你不能这么做。那么，你该怎么做呢？

1．换个角度看问题

真正无理取闹的顾客是很少的，可以说是稀有。大多数顾客都希望可以开心地和你沟通。就算是最不讲道理的顾客也是人，也理当得到我们的公平对待。

2. 提醒自己你是专业人士

你了解自己的岗位和公司。你了解产品和产品的使用方法，你知道如何与人打交道，即使已经马上要下班、放假，即使办公室空调坏了，燥热异常，你也能够妥善处理问题。

3. 掌握镇定这门艺术

让烦恼和愤怒无法对你施加侵害。要知道顾客发火很少是针对服务人员本人的，他们愤怒，只是因为他们不喜欢事情发生的方式而已。

根据我们开展的相关研究，总结出服务棘手顾客的4步方案，如果运用得当，即使是最难对付的顾客，也能轻松被搞定。

1. 勿看恶、勿听恶

如果你把顾客看作痴呆蠢钝的人，那么自从有这个念头的那一刻起，你的服务就已经带上了偏见，你甚至很可能把顾客的无心之举也看成故意找碴儿。

约翰·麦克凡仁先生是你供职的Acme公司的顾客，他是你有史以来遇到的最蛮不讲理的人。好吧，你决定给他点儿颜色看看，以其人之道还治其人之身，一番交锋之后，你的感觉非常好。当然，约翰并没有放弃与Acme公司的合作，而是到处诉说你的劣迹，同时把自己描述成无辜受你责难的人。很快你发现公司其他的顾客总是挑你的毛病，而你当然要让这些顾客知道自己的厉害，然后……你应该知道结果了吧？

你的激烈反应恰恰是棘手顾客的生存土壤，你的强硬态度正好被他们拿来证明自己行为的合理，如果你不理睬他们粗俗、无礼的言行举止，就等于是对他们说：“骂吧！闹吧！您随便折腾，我不在乎。”如果你能以行动而不是有声的语言将这一信息发送出去，你将占据这场博弈的优势。

2. 压力表面化

有些顾客姿态傲慢，口无遮拦，让你心生愤怒，而有些顾客的火气似乎是直接冲你而来的，好像是你把他的生活搞得一团乱，这时你会感到非常委屈。其实，这些情绪激昂、火气冲天的顾客往往过于沉浸在自己的情绪之中，以致忽视了你这个大活人的存在。这时，把压力放到表面，温和地提醒顾客，对他们说：“我个人有做了什么让您生气的事情吗？我很想帮助您。请给我一个机会。”这样把顾客的注意力拉回到问题本身，引导他讲述问题的经过，而不再针对你个人开炮。一句“请给我一个机会”能产生神奇的效果。联邦快递的员工很早就意识到很少有顾客会拒绝给服务人员机会，这句话常常能让有情绪的顾客平息怒火并为自己的行为感到后悔。

3. 转移矛盾

有时候你的确不必和顾客再费口舌。如果对方的污言秽语让你感觉受辱或受惊，那么你有权利结束对话。如果顾客拒绝给你帮助他的机会，那么你有义务把他转给可以帮助他的人。将顾客转给同事或上级，并不是推卸责任，在这种情况下，转移顾客是应对顾客消极、厌恶情绪的明智之举。在使用这一战术时，你会发现一个奇怪的现象。让我们看一个例子。

卡罗尔·迈克斯利打电话询问一个账务问题，你试着把压力带到表面，但是却遭到对方一顿痛骂：“你这个笨蛋！就是你们这些人把我们本来美好的社会给毁了！我想跟有大脑的人谈话！”这时，请深呼吸，让卡罗尔稍等一会儿，立刻给你的上级打电话，将问题解释清楚之后把卡罗尔的电话转接给他。然后悄悄走到你上级的办公桌旁，观察他被骂时的反应。奇怪，你的上级居然满脸笑容！他一边说着惯常的客套话，一边点头。等一下！电话那一头的卡罗尔说了什么，上级居然笑出声来。上级挂断电话之后，扭头对你说："卡罗尔的性格真好！她真是一位善良的女士。你说了什么让她生气的话吗？"

难道卡罗尔和你的上级臭味相投？当然不是，卡罗尔的脾气比较暴躁，你让她在电话中等候，相当于给她平复时间，利用这段时间，她调整了自己的情绪，用完全不同的语气和你的上级交谈。她很强大，能够在短时间内调整自己的心情、忘记和你发生的不愉快，重新开始一段愉悦的谈话。

4. 构建契约性信任

如果卡罗尔无法镇定下来怎么办呢？或者如果顾客威胁你甚至动粗怎么办？这时，最好为自己设置底线，当然不是以牙还牙，把顾客推至绝境，而是带领顾客经过困境后，让他独自面对剩下的问题。

你在市内最时髦、最气派的咖啡厅内担任女服务员，店内的座位已经被预订一空，这时麦克凡仁先生带着3个朋友来了，他们没有提前预订。麦克凡仁抓着你的胳膊，把你推到一边儿，对你说："你应该知道怎么办。"他边说边笑，抓着你的胳膊不放，很显然他是在威胁你。跟他进行积极的眼神交流，微笑着对他说："很抱歉，如果您不能改变谈话的方式，如果我们不能以没有身体接触的方式进行交流，那么我必须拨打报警电话。"必要时重复一遍，给他点儿时间考虑事情的严重性。如果他停手，把他的名字登记到等候名单上。如果他还是不停手，那么对他说："很抱歉，我们无法达成共识。"然后大声、坚定地呼叫经理，拨打报警电话。

在发出"停止这一行为，我愿意帮助你，如果你继续，我不会帮你"这样的信息之后，大多数顾客会接受你的条件。如果顾客对你的信息置之不理，那么你有必要按照你说的办，这就是心理学家所谓的“契约性信任”。换句话说，你做出了承诺“我会拨打报警电话”，那么你必须说到做到。

哪个战术最好呢？在合适的情境中，上面的4种战术皆可发生作用。你可以和同事与上级探讨各种战术适合的情境。

调控客户的情绪

做人做事，很多时候要“顺势而为，无为而无不为”，很多事情不是人凭自己的意愿就能改变的，要顺应事情本身的发展方向来做，不必强行地去改变。“无为而无不为”也不是什么都没做，只是应该做什么就做什么，顺应事物发展的规律，不必勉强去做，很多事情自然而然地就能做成了。

那么，在处理客户投诉事件时，我们的“顺势”在具体情况下体现为：顺意而行、顺求而应、顺时而择、顺客而为。

投诉客户的愤怒有时像泛滥的洪水，一泻千里。此时，任何与之对抗的劝诫，都会被客户的愤怒摧毁，不但不能平息客户的愤怒，反而会增加客户的反感。

此时，聪明的服务者要给客户发泄的时间，之后，再动之以情，晓之以理。面对投诉或抱怨的客户时，有经验的客服人员都会微笑面对，先做好聆听者，然后再进行解释、安抚。

1. 做一个安静的倾听者

投诉的客户一般都感觉自己理直气壮，像是受到了莫大的委屈。他们投诉的目的就是要找到心理上的平衡，希望得到支持和关注。此时，作为服务人员就要“顺意而行”，想尽办法满足投诉客户的心理需求。

当你的客户面部扭曲，怒目圆睁，紧握双拳，而作为客服人员，眼看一场暴风雨就要来临时，你会怎么办？落荒而逃？聪明的做法是闭口不言、仔细聆听。当然，不要让客户觉得你在敷衍他，要保持情感上的交流，认真听取客户的话，把客户遇到的问题判断清楚。虽然你不想在客户发泄的时候打断他们，但是你肯定想让客户知道你正在听他们说。

当他们发泄时，你应该做到以下三点：一是不断地点头；二是不时地说“嗯、啊”；三是保持眼神交流。当然，有时客户是通过电话进行投诉，无法与之进行眼神交流，但前两点还是要做到位。

美国一家大型咨询公司的经理 Ron Zemke 如是说：“跟他讲你明白他的不满，然后明确告诉他，你将尽你个人的一切努力帮他，直到他满意为止。此时，客户听到你如此真诚，怒火也会慢慢熄灭。”

一日，某公司的员工小王接到客户的抱怨电话，于是发生了如下一段对话：

客户：“你们公司的效率怎么那么差？”

小王：“李科长，很抱歉！我姓王，能否告诉我究竟是什么原因让您那么生气？”

客户：“上个月跟你们公司订了一台裁纸机，说好上个礼拜五送货过来，现在都礼拜三了，为什么到现在还没看到货啊？”

小王：“李科长，真是抱歉，延误了贵公司的作业，我马上帮您查出货单，真是抱歉！这是本公司的疏失，我会向主管反映此事，麻烦您给我贵公司的电话号码，查完出货单，马上回电话给您，请不要生气。”

……

小王:"李科长,您好,我是天生机器公司,敝姓王,我已经帮您查过了,您订的机器,因为缺少一个小零件,所以延误至今还没给贵公司送过去,本公司未能及时告知,这是我们的疏失,已经跟经理报告了,经理也已经下达命令给生产科,这礼拜五以前一定把机器给您送过去,经理会亲自到贵公司向您致歉,真是抱歉!"

由于小王的真诚道歉和立即解决问题的行动,平息了客户的不满,同时客户感觉受到"上帝般的尊重",使得投诉没有扩大和蔓延。

设身处地地为客户着想,是要做到始终以客户为中心。作为一名客户服务代表,能经常地换位思考是非常重要的。设身处地地为客户着想,就意味着你能站在客户的角度去思考问题、理解客户的观点、知道客户最需要的和最不想要的是什么。只有这样,才能为客户提供优质服务。

2. 了解客户的真实需求

在很多时候,进行投诉的客户都会省略一些重要信息。但是这些都不重要,你的主要任务就是了解当时的实际情况,随后根据其具体情况作出反应。

你首先要明白客户到底需要什么。如果客户对你说:"你们的产品不好,我要换货。"此时,你根本无从了解他内心的想法,所以需要问他评判商品质量的标准,以及他是如何操作的,究竟想换成什么样的商品。

另外,在客户进行投诉的时候,一定要耐心倾听,而且还要心平气和,做好笔录。另外,对于其回答的一些较为模糊的问题也要深入了解,如果必要的话还要展开调查,只有这样才能给客户满意的答复。总之,一定要积极应对客户的投诉。

服务代表都应认识到客户可能有以下 5 个方面的需求:

（1）客户的信息需求

通常来说，客户的投诉是由企业服务失误造成的。服务代表应该了解产品可能会出现哪些问题，从而根据专业知识判断产生问题的原因。这就是信息需求。

（2）客户的环境需求

一般情况下，客户在投诉的时候情绪都非常激动，在帮助客户解决这些问题的时候需要在一个特定的环境中。如果服务代表没有这方面的经验，他可能会在很多人面前与客户发生争执，最终引起众人围观，导致秩序出现混乱，使服务质量大打折扣。如果情况非常严重的话，还会导致企业形象受损。

（3）客户的情感需求

客户在投诉的时候，他需要有人倾听。这是顾客对一种情感的需求，服务代表一定要加以理解。

此时，客户服务代表可以用这样一些语言，如“真的很抱歉”“我非常理解您现在的心情，我会尽我自己最大的努力来帮您解决这个问题，来，您先坐下来，我们慢慢来谈”……

（4）客户的心理需求

如果想要满足客户的心理需求，其主要的方式就是“道歉”。在投诉的时候，客户首先需要的就是有人承担这件事情。如果从开始就道歉，那就能满足客户的这种心理需求。

（5）求补偿需求

一般来说，如果客户在接受服务的过程中受到了不公平的待遇，他都会试图挽回损失。例如，客户通过网上银行进行汇款，因网络故障造成汇款不成功，但账户资金已经扣减，客户要求退还汇款手续费。

对于这类要求补偿的客户，客服人员在处理过程中一定要根据实际情况尽量考虑补偿其损失，对客户提出的要求不能敷衍了事，要给出明确答复和结果。对于确因己方责任已经造成的不可挽回的损失，使用物质补偿是常用的方法。但需要提醒的是，具体处理人员千万不要做没有把握的承诺，因为这会给履约造成麻烦。

3. 对客户开诚布公

通过以上介绍，你或许已经知道客户真正需要的是什么了。在这种情况下，你可以告诉客户：“我非常理解您现在的心情，但是负责这件事情的人不在，当然我本人还是非常愿意为您解决这个问题的。您看我能不能先把情况记录下来，然后交给我的一个同事，让他去查证一下，然后及时给您回话。”这叫设定期望值，也就是告诉客户你所能做的事情。

这需要你的灵活应变，给客户提供不同的选择，也就是设定期望值。

有这样一个例子：小李是一家电视机厂的售后服务代表，有个客户因为电视机问题进行投诉，谁知检查之后发现是零件问题。于是小李就告诉客户，或许是电视机两个零件的问题，如果更换的话需要 400 元，而且无法当天拿走，您明天上午 10 点之前来取可以吗？

如果客户拒绝这种提议，那小李就会告诉客户，看他是否能等一下，然后让维修部加班给他修理，而这样也需要多等两个小时。如果客户无法接受，那么小李就会说：“是这样的，因为您的电视机问题可能不止一两个，所以我们打算对其进行全面检查，可能花费的时间更长。虽然明天来取，可能耽误您一个晚上，但是我们能保证给您一个完好如初的合格产品，我们不仅需要对您和产品负责，更重要的是产品的质量可以得到保证。”这样经过双方协商，就能找出一个两全其美的办法。

在应对客户投诉过程中，很多客服在对客户进行服务的时候总是说一些过于标准化的语言，缺少人情味。在服务过程中，最重要的是真诚。只有表现得真诚，才会取得好的服务效果。

首先，在你了解投诉事件的整个过程、客户的实际想法和真实要求后，千万要记着问客户这样一句话："您觉得这件事情怎样处理比较好？"这会把客户从喋喋不休的抱怨中拉回到如何解决问题的理性思考中，同时我们会在客户的回答中知道客户的想法，可以更好地帮他解决问题。

其次，在客户提出的要求已经超出自己的权限时，我们可以这样说："那您看这样好吗？我把您的意见向我的上级领导汇报一下，请您留下联系方式，我会在 ×× 时间内给您回电话。请您放心，我们一定会认真处理这个问题的！"其实，这也是缓兵之计，一方面为继续寻找解决方案争取时间，另一方面也给客户一些时间让他保持情绪的稳定。最后的表态也会使客户感觉到他的投诉备受重视，满足了客户要求受尊重的心理。

4. 正确应对不同类型的客户

针对不同类型的客户，应该有不同的应对方法，而不应该千篇一律地容忍和退让，做到因人而异，才会起到事半功倍的效果。

（1）易怒型的客户

此类客户脾气比较暴躁。处理方法：泡他，就像茶叶，多冲几壶水，颜色就变淡了。

针对这样的客户，要"以柔克刚"，要多沟通，让客户知道自己的错，或是什么原因造成的问题等，妥善地解决，这类客户最容易成为忠实的口碑传播者，所以，我们不要吝啬自己温暖的语言和道歉。

（2）古怪型的客户

此类客户性情难以琢磨。处理方法：任着他的性子来。

（3）霸道型的客户

此类客户强词夺理，因为贪图小便宜，所以，表现自己"上帝"的地位，来"拿"认为是该拿的。处理方法：应对此类客户，道理讲不通，可以通过侧面来证实自己的实力和不亢的职业精神。

（4）知识分子型的客户

此类客户不愠不火、头头是道。处理方法：别认为这样的客户容易打交道，正因为这样的客户本身具有一定的知识，这就要求娴熟的服务人员从知识方面入手，然后见山侃山，见水侃水，水到渠成。若处理得好，或许这样的客户还会给企业带来一些意想不到的收获。

（5）文化素质差的客户

此类客户不懂得欣赏。处理方法：这样的客户文化素质差，不懂得欣赏或使用产品，与这样的客户接触一般都不是很顺利，遇到此类客户投诉，甚至还被骂得一文不值。但不要急，他们缺少的只是对产品的认识和认可，服务人员可以根据其需要着重对其服务。

（6）喋喋不休型的客户

此类客户总是说个没完。处理方法：这样的客户被很多服务人员私下称为"神经质"，针对这类客户的投诉，我们要听他的唠叨，要让他感觉到，只要听到他的唠叨我们就能去完美地解决问题。

这类客户在精神上得到了满足，再按照公司的售后服务制度去做事情，如果处理得好，这样的客户会整天出去给公司免费做广告的。

客户服务力求智取

中国传统文化讲究十全十美。如乾隆皇帝自号十全老人，中医里有十全大补汤，吃饭还有满汉全席。《孙子兵法》也是讲"全"的，讲究"全胜"

战略。这是一个很好的理想追求，做什么事情都有个高目标、有个完满的结局，这是好的，但是一味求“全”则可能会出问题。

在军事上，你若十拿九稳了再去打，就永远没这个机会，因为这种变化都是在动态中发生的。任何事情在你十拿九稳才出手的话，机会早就失去了。所以，孙子也强调要突出重点，抓住关键，《孙子兵法》里面有一句话为“无所不备，则无所不寡”。

我们在做客服工作的时候，也应该充分利用这一原则，使自己的客户投诉事件数量减少到最低，达到客户最满意的状态。

“无所不备，则无所不寡”意指要把什么事都做好是不可能的，就像在古代的战争中一样，防守军队重点和关键渡口肯定会派重兵把守，而敌军也会集中优势兵力在一个地方进行突破，“故为兵之事，在于顺详敌之意，并敌一向，千里杀将，此谓巧能成事者也”。所以，做任何事情一定要分清轻重缓急、主次先后，不要平均使用力量，要以点及面，这样才能实现战略目标。

对于形形色色的投诉，客服人员该怎样区别对待，分清轻重缓急？公司负责处理客户投诉的人员，应该具备怎样的素质，怎样的技能，使用什么工具？客服工作人员每天要面对繁多的事务性工作，你会感觉总是忙不完，那就对了。但是这么多需要处理的事情，客服人员又如何能够理顺？

1. 解决投诉，抓住重点

动物园管理员发现袋鼠从栅栏里跑出来了，以为是栅栏的高度过低，于是决定将栅栏的高度由原来的10米加高到20米。

第二天发现袋鼠还是跑到外面来，就决定将高度再加高到50米。没想到隔天后居然看到袋鼠全跑到外面来，于是管理员一不做二不休，决定将栅栏的高度加高到100米。

这天，长颈鹿和袋鼠闲聊，长颈鹿问：“这些人会不会继续加高你们的栅栏？”

“很难说，”袋鼠告诉它，“如果他们继续忘记关门的话！”

即使我们的产品和服务已达到良好水平，但只要与客户的期望有距离，在使用服务过程中，有人歧视或小看他们，没有人聆听他们的申诉，投诉就有可能产生。

客户投诉的具体情况要具体分析，一定要了解客户投诉的重要原因，其余次要原因才能得到彻底解决。一般来说，客户投诉的原因有如下几点，这也是客户投诉的重点问题。

（1）商品质量原因

因为商品质量的原因进行投诉的客户，占了所有投诉类型中的大多数。尽管客户能够理解商品不可能完美无缺，不可能满足每一个人的需求，但是，他们还是会因为这个原因表示不满。

对于因质量问题给客户造成的影响，应该真诚地向客户道歉，更换新商品，或者再给予一定的经济补偿。

（2）企业自身原因

客户买了并不是自己想要的商品，或者买的商品不清楚怎么使用，也会导致客户的投诉。这就要求客户服务代表在向客户介绍产品的时候，一定要清楚客户的真正需求，不要被表面现象所迷惑。同时，确认客户已经理解商品的使用方法。

现在，市场上的商品种类越来越多，这就要求客户服务代表在平时为客户提供服务时，注意积累这方面的知识，做到有备而“战”。

（3）客户自身原因

由于客户对商品的不理解和理解错误，也可能产生抱怨。这时，客户服务代表要委婉地告诉客户，让客户知道事情的本来面目。但是，需要注意的是，不要太直接，好像在说客户是一个笨蛋一样。

（4）企业服务不当

客户服务工作是一项很艰苦的工作，因此，客户服务代表有时会因为过度疲劳，而不能坚守服务准则，导致客户不满。这就需要企业认识到客户服务代表的压力现状，提供良好的福利待遇，关心他们的需求。

但是，这并不代表与客户发生冲突就是可以原谅的事情，如果的确是客户服务代表太过分了，一定要严肃处理。

2. 事前控制，规避投诉

投诉管理工作中，最重要的环节在于投诉预防工作。所谓防范胜于救灾，重视投诉预防并大力推行之，将客户不满屏蔽于最小阶段，充分利用最前端的资源解决问题，可以避免问题的升级及企业的实际投入。

《扁鹊的医术》的小故事，包含了一个深刻的道理，即事后控制不如事中控制，事中控制不如事前控制。对于企业来说，问题越严重，挽救成本越大，机会失去的概率越大，隐患越深。因此，明智的做法是在最轻微时采取行动，而不是去亡羊补牢。

任何一种产品，都和服务有着千丝万缕的联系。

你考虑得越全面，你的服务也就越深入。服务是产品的一部分，正如一个农民种植玉米，他必须考虑到春夏秋冬的季节变化，也必须要考虑到储备肥料、播种设备、灌溉工具、储存粮食的库房，甚至还要考虑到一些应对突发事件的措施。这些准备都是为了秋天的收获，都是为收获玉米保驾护航，我们也可以说成是农民对玉米的服务。

从某种意义上理解，“服务”是一种“控制”，是把伴随产品发生的不良因素控制在有效的措施之内。把将要发生、可能发生的不良事件扼杀在萌芽之中，这是事前控制；把已经发生的不良事件，按预定计划及时处理，这是事中维护；对发生和正在发生以及突然发生的不良事态进行抢救，这是事后补救。事前、事中、事后三个控制阶段，服务已经升级，成本也在扩大。所谓“服务”，就是指解决问题的方法。没有问题也就不存在“服务”。但目前，没有哪家公司不存在“问题”，所以，“问题”构成了公司的全部。能以最小的成本解决最大的“问题”，这样的公司就会脱颖而出。

可见，如果想要为客户创造更多的价值，首先，应当做的就是了解客户的需求，确定客户为获得产品和服务所付出的代价；其次，通过降低企业的成本来提高客户所拥有的价值，这样就可以使企业获得竞争优势；最后，企业还要制定量化、可执行的服务标准，在为客户交付产品和服务的过程中使服务环节充分突出出来。

3. 力求智胜，减少成本

《孙子兵法》中说：“所有的用兵方法当中，保全一个完整的、没有被严重破坏的敌国而又使它屈服是上策，如果不能做到，再采取战争毁灭手段；同理，对于敌国的有生力量军、旅、卒、伍，如果能全部收降才是上策，如果不能做到，才考虑用战争手段攻灭之。所以，百战百胜，并不是最好的；不用战争手段而降伏对手，才是最好的。”

解决客户投诉，如果能“不战而屈人之兵”是最高境界。如何才能“不战而屈人之兵”，就需要客服人员的智慧。如果客服人员能站在企业运营成本的角度思考，不用企业的成本（物力、财力、人力）投入，而依靠个人的专业能力平息投诉，这才是最高的境界。

那么，客服人员如何才能运用自己的才智，在企业不费“一兵一卒”

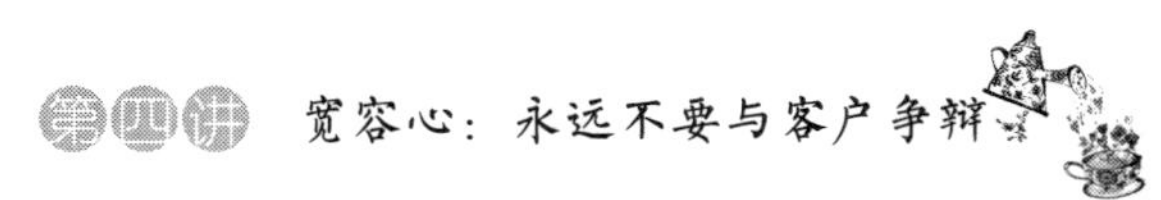

的情况下解决客户的投诉，从而为企业减少成本呢？

（1）用微笑化解冰霜

俗话说“举手不打笑脸人”，微笑能够化解矛盾，赢得意想不到的功效。

“您好，很高兴为您服务！”

通常这句话是每位客服代表都会说的一句话。然而，如果是电话服务的话，所有的交流都是依靠电话中的语言。无论客服代表用什么样的心情与客户交流，客户都可以听得一清二楚。所以，打电话也是一门需要学习的技巧。

微笑是一种形象，是一种境界，更是处理投诉的有效武器。微笑对于每一位客户服务代表而言更是一种责任。如果用自己的微笑化解客户的投诉，让企业不再对客户予以物质上的赔偿，从而为企业减少客户投诉处理成本，这是一个不错的选择。

（2）必要时转移话题

如果客户对某一细节争论不休，无法处理投诉的时候，那些有经验的客服都会想办法来缓和气氛，如转移话题、找新的切入点等。

蜻蜓点水式：“你说的这个问题我清楚了。我上次听……说了。那你听说过……”

装聋作哑式：故意曲解客户说的某个词，借以转移话题。

横刀直入式：“我很理解您的处境，我会尽快通知您处理结果，您等我们的通知好吗？”

（3）角色转换或替代

在客户对客服人员感到非常不满的时候，如果继续让这个客服代表来服务，那肯定会使客户不爽。此时，应当让一个有经验、有能力、好人缘、职位高一点的主管来应对，这样更能使问题得到解决。

（4）从客户的立场说话

很多人误以为在进行投诉处理的时候，都会被赶尽杀绝。但是，事实证明，大部分的投诉处理都可以在和谐的环境下完成。

在进行交涉的时候，客服代表应当站在客户的立场上去解决问题，否则会影响双方的关系。

（5）真心实意拉近距离

其实，有非常多的拉近客服与客户心理距离的方法。例如，在客户生病或者是节假日的时候，客服人员都可以给予问候。当然，这些方法不仅仅只体现在行为上，更多的是在言语上。在任何时候，都不要把客户推到自己的对立面，而是要与客户融为一体。

（6）主动回访

当客户投诉解决之后，当事者一定要主动回访客户。这样不仅使客户感觉到被关心，拉近了双方的距离，而且还能帮助企业建立客户的忠诚度。

（7）避免投诉处理破裂

如果是有经验的客户服务代表，在处理投诉的时候，他会给客户留有余地，以便更好地达成协议。但是，客服代表也需要说明，自己已经为他做了什么，让他感觉到为他做的已经非常多了。

（8）成为一个好的倾听者

通常来说，客户都觉得自己能言善辩。所以，客服代表应当了解这一点，在谈话的时候应当让客户多讲。在这个过程中，客服也更容易了解客户的优缺点，为处理投诉提供方便。

4. 小胜依智，大胜依德

古语说：“小胜依智，大胜依德”，对于我们个体而言，“智”就是才华，“德”就是品格，唯有德才兼备者才能立于不败之地；对于一个客服人员来说，“智”就是专业知识，而“德”就是服务的品质和个人的德行。个人如此，以服务求生存的企业也是如此。

《孙子兵法》中的“功利优先，道德相佐”，告诉人们的是，要克服人们思想的困惑，就是要在道德与功利之间找到一个平衡点，使两者能有机地统一起来。

“兵者，诡道也。”一方面，孙子立足于功利主义的角度，突出功利大小对军事行动的制约作用，战争的发动与中止都以利益为出发点，“兵以诈立，以利动”“合于利而动，不合于利而止”，利益恰如一条红线，贯穿于《孙子兵法》的整个体系之中。另一方面，孙子也并不排斥道德的价值与意义，他还强调道德的制约性。孙子主张“上兵伐谋”，提倡“伐谋”“伐交”，对“伐兵”却持相对保留的态度，对人员大量伤亡，财物严重损耗的“攻城”更是坚决反对。这种力求以最小的代价来换取最大战争效果的追求，同时蕴含着人道主义精神，是我们客服人员应该努力学习的。

我们客服工作也应学习孙子，在功利与道德之间寻找一个平衡点，在突出功利的同时不废弃道德。这实际上给我们客服人员一个很大的启示，做任何客服工作都既要追求利益，又要讲究道义，道义与功利两者不可偏废。

举个例子，一用户反映，被开通彩铃包年42元业务，优惠截止日期为5月31日，彩铃到期后，运营商没有短信提醒，导致继续扣彩铃的费用每月5元，现用户强烈要求公司为其退费。

处理的过程是这样的：已与用户联系，向用户做了大量解释工作，用户称自己之前到营业厅取消过彩铃，但通过系统查询，没有取消的记录，与用户说明，但用户始终不认可，强烈要求退费，后办理退费。

虽然这次投诉事件的责任根本不在运营商身上，但是公司出于道德的角度，对客户的投诉做出一定的退让。同时，公司也获得了一定的利益，客户将会一直使用这家公司的服务。所以，客服人员赔偿的做法，还是值得提倡的。

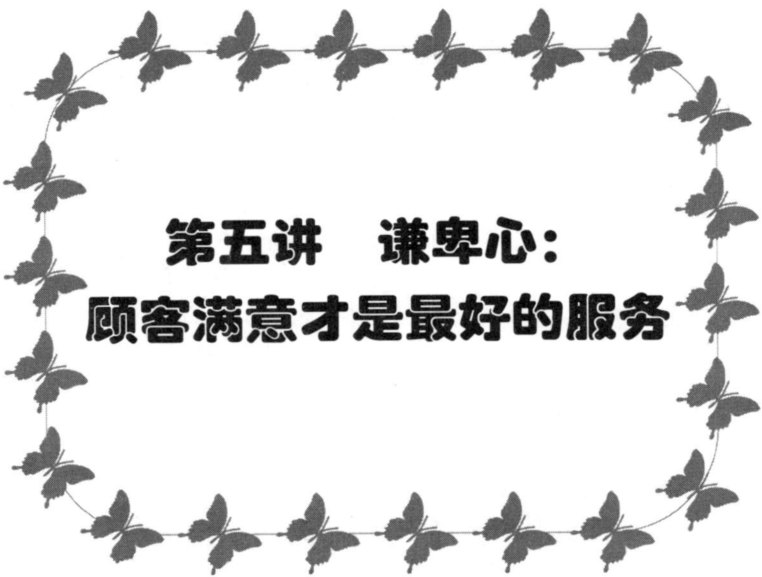

第五讲　谦卑心：顾客满意才是最好的服务

惠普：“我用心，您省心”

HP，来源于惠普两位创始人的姓氏，而且公司的名称也是通过抛硬币决定的。1939 年，在美国加州帕罗奥多市爱迪生大街 367 号的一间狭窄车库里，有两位年轻的发明家，虽然他们手中没有多少钱，但是却心怀创建公司的梦想，他们就是比尔·休利特和戴维·帕卡德。最终，通过努力，他们创建了 HP 公司，从此开始了硅谷创新之路。到目前为止，惠普创业的车库已经被美国政府命名为“硅谷的诞生地”。

惠普研发有限合伙公司（简称惠普）位于美国加州的帕罗奥多，它是一家全球性的资讯科技公司，主营业务有打印机、数码影像、软件、计算机与资讯服务……在 2002 年，它收购了美国著名的电脑公司康柏电脑。

为了不断开拓市场，为客户提供更好的服务，惠普每年都会投资开发新的产品和技术。它极大地推动了商业价值、创造社会价值，以及改善客户生活的技术解决方案，而且在很多领域都占据领先地位，如 UNIX 服务器、Linux 服务器、Windows 服务器、磁盘存储系统、存储局域网系统（SAN）、外部 RAID 存储系统、工作站、台式机、笔记本电脑、手持设备、喷墨打印机、激光打印机……如今，云计算、设备的可连通性以及软件服务领域的发展是惠普公司最为关心的问题。

中国惠普有限公司的总部位于北京，其在上海、广州、沈阳、南京、西安、武汉、成都、深圳等城市都设有分公司，在大连设有惠普全球呼叫中心，在重庆设有生产工厂。

1. 比认真更重要的是用心

有人问惠普中国大区的总裁孙振耀：“惠普成功的秘诀是什么？”孙振耀不假思索地说：“用心！”而后，孙振耀给大家讲了一个自己的亲身经历：

我在美国的拉斯维加斯曾经住过两家酒店，这两家酒店都是五星级，都非常的富丽堂皇，服务态度也都彬彬有礼，但是我在两家酒店分别住了一次之后就果断地在其中一家办理了会员卡，日后每次去拉斯维加斯时我都会去那里下榻，知道这是为什么吗？

其实说起来，它们之间最大的区别就在于服务态度上，我在A酒店，也就是我没有办理会员卡的那家酒店入住的时候，我每天早上醒来都会有服务员热情地问候：“先生，早上好。”当时我的确很满意，然而在B酒店，也就是我办理会员卡的那家酒店，我在入住后早上出门时，那的服务人员会十分热情地对我说：“孙先生，早上好！”这就是差别。而且不仅仅是问候上的区别，我在A酒店告诉那的服务生我需要一张地图的时候，那的服务人员迅速找到了一份地图并且交给了我。而在B酒店时，服务员不仅给我找来了地图，还关切地问我：“孙先生，您要去哪儿？我可以帮您在地图上找到，并且画出最佳的线路，如果您需要车子，我们也可以帮您安排。”诸如此类的例子还有很多很多，而这也是我为什么选择B酒店的原因。

很显然，这两家酒店的服务给孙振耀的感受与体验是截然不同的。前者虽然遵循标准，但是后者却能够创造惊喜；前者是认真服务，而后者是用心服务。一家企业是否能够成为服务优秀的企业困难不在于技术，而在于有没有用心去服务。用心服务是要求站在客人的立场上去思考，努力为客人提供尽善尽美的服务，为客户创造快乐与舒适的体验。

很多企业都不会站在客人的角度上思考问题。例如，很多酒店提供的毛巾虽然是新的，但是上面却黄斑点点；酒店提供免费洗衣服务，但是客人想洗衣服时却找不到装衣服的袋子；客人向服务人员咨询某些事情，被服务人员告知打某个电话，但是那个电话往往不是无人接听就是占线，甚至会出现电话转来转去，客户的问题得不到及时解答的情况；还有些饭店不管客人的承受力与消费能力，一味地向客户推荐昂贵的菜品，让人十分反感；还有就是最典型的看人下菜碟，对看起来消费能力强的人谄媚，对消费能力低的人不假辞色，这一切都反映出了服务的欠缺。

那么，如何才能做到用心服务呢？以下有几个小技巧：

（1）善于换位思考

换位思考，即设身处地考虑他人的感受。当你在为客户提供服务的时候应该经常在心里这样想："如果我是客人，我会怎么看待我的服务呢？"这是十分必要的，通过换位思考你可以把麻烦留给自己，把方便与舒适留给客户。

（2）善于观察客人

观察能力比较强的服务人员善于从客人的一个眼神、一个动作、一句话中判断出客户对服务的需求，以及隐藏在客户心底的情绪，并且根据客户的需求和情绪来迅速做出积极的反应。

（3）善于持续创新

以酒店为例，很多酒店的菜单经常更新，但是餐厅装饰、餐桌的布置与餐具的样子却许多年来一直不变，这就会让客户感到厌倦。因为只有不断地创新才能造就优秀的服务。从观念、思维到行动，从程序、方式再到方法，乃至于整个企业的形象不断地创新，才能保证企业的服务形象越来越完美。

2. 服务标准一定要恰到好处

服务的标准具有两面性。对于企业和服务人员来说，服务标准是约束要求和努力的目标；对于客户而言，服务标准则是企业对客户的承诺，是选择、信赖一家企业的理由。服务的标准应该是能够满足客户要求、能够具体描述的。在制定服务标准时，企业一定要掌握好一个度，如果服务标准过高，企业就会负担过大，员工难以长期坚持下去，服务的收益难以抵补成本；而如果服务标准过低，就会降低服务质量，就没有办法满足客户的要求，让客户对企业失去信任，从而抛弃企业。

服务质量可以分为两个方面：技术性质量和功能性质量。所谓的技术性质量指的就是客户与企业直接交易所得到的实质性内容，比如饭店的饭菜、酒店的房间、搬家公司的搬家服务等。技术性质量可以通过客观的方式加以评估，并且成为所有客户对某些服务评价的重要依据。而功能性质量即服务的技术性要素是被如何移交给客户的，主要是由“过程”和服务体系中的人决定。功能性质量包括以下几个要素：员工的态度、员工的行为、员工之间的关系、与顾客有接触经验员工的重要性、服务人员的外观、服务对于顾客的可及性、服务人员对于服务的态度。功能性质量虽然一般不能用客观来评估，但是同样也是客户对企业服务评价的一个重点。

因此，服务标准的制定也主要从技术性质量与功能性质量这两个方面来分解。对于技术性的质量标准，企业应该从“规范化与技能化”方面入手，让员工掌握必要的知识与技能，按规范作业，解决客户的难题。对于功能性质量标准，企业应努力提高“服务人员态度和行为”“服务的可亲近性和灵活性”“服务的可靠性”“服务体系的自我修复”等方面，特别是要赋予客户一定的监督权利。大多数客户都希望在服务交易的过程中有一定的控制权，而不是总受到企业的摆布，如果客户的这一需求可以得到满足，将会大大地提高服务满意的程度。

服务标准应该针对服务的过程与结果有着直观、具体的量化要求，以便于服务人员和客户衡量评价。同时，标准要牢牢抓住服务质量的控制重点，简单明了地规定出哪位服务人员、在什么时间、在什么地方、做到什么程度，以便于执行与检查。除此之外，服务标准的制定过程应该让执行的服务人员一同参与，因为他们才是最了解情况的人，只有得到他们的理解与认同才算是一个高效的服务标准。如果制定的服务标准无法与现实情况相靠拢或者服务人员难以认同该标准，那么服务标准就很难得到充分贯彻执行。只有服务人员理解和认同服务标准，才能把服务标准彻底执行，减少服务过程中的过错。

3. 努力提高客户的满意度

现如今，高新技术的发展可谓是日新月异，人们在享受高科技所带来的便捷时也逐渐发现了一个问题——科技的发展在某种程度上使广大的服务企业离客户越来越远。而在这个以服务为主导的时代，远离客户无异于自我放逐。

在当今这个服务为王的新经济社会，服务的优劣直接决定着企业的存亡。因此，为客户提供卓越的服务是每一家企业的最高追求，而如何提高服务质量，提高客户对服务的满意度也成了每一家企业都深思的问题。

（1）“没问题”

日本神奈川县有一家公司名为荣木杂货店，这家杂货店在当地十分有名，人们都非常喜欢来这里购物，有时甚至会出现一整天都有客人络绎不绝地进出的情况。荣木杂货店是如何获得这么好的业绩的呢？经过总结，他们把功劳全部归结到一个词的身上，那就是——“没问题”。

“没问题”这几个字在荣木杂货店的所有角落都能见到，而“没问题”也是荣木杂货店对客户所有要求的回答，也是对自己良好业绩的一个回答。

如果企业能够把“没问题”的观念引入内部，那么这家企业就能真正地获得客户的友谊。但是在服务的过程中真的可以一直“没问题”吗？答案是否定的。但是这并不是企业拒绝采用以服务为导向的战略理由。你必须要意识到，虽然“没问题”的观念有一些冒险，但是从统计的结果来看，这么做的收益远远大于风险。

有权威机构曾调查显示，低水平的服务并不是客户拒绝与企业打交道的最大原因，服务人员的漠不关心才是客户抛弃商家最主要的原因。有75%的受调查者表示，如果在购物的过程中受到服务人员的冷遇就会放弃和这家公司的接触。因为人们无法和态度冷淡的人交流。如果他的服务态度恶劣，人们可以向他提出抗议，甚至投诉，企业还有改进的机会，但是如果碰到一个冷淡的人，人们就毫无办法了。

（2）如何才能使客户高兴

事实上，让客户高兴并不困难。服务和客户的情绪直接相关，因此服务人员通过自己的身体语言、非语言交流、接触和态度等都可以使客户开心起来。有统计结果表明，当服务让客户感到舒适的时候，人们对价格就变得不那么敏感了。

老杰克的理发店位于一片富人区，是那种专门迎合讲究奢华的客户所设立的。而老杰克也为此花费了很大的心思，从豪车接送到理发时送上咖啡、甜点，再到轻音乐环绕的舒适环境，老杰克通过这些细微之处的服务让客户在这里体验到了超值的服务，同时也为自己赢来了大笔生意。

（3）让客户认同自己比产品更重要

麦肯锡公司曾在美国做过一次调查，而调查的结果令整个美国企业界吃惊。麦肯锡公司发现，当人们在选择一个品牌的时候，并非是把产品质量和样式等放在首位，大多数人都会把认同放在所有条件的前面。认同有很多形式，但是对于认同一位客户来说，关键就是把他／她看作是自己的伙伴。客户服务对于客户和企业来说都是一项长期的事业，它必须像擦窗户、倒垃圾、坐公交车一样不断地延续下去；而企业也必须把客户服务当作是一种企业文化来渗透到自己的商业过程中去，这对改善企业的服务质量至关重要。

（4）赢得一个新客户比留住一个老客户要难10倍

你会因为1元钱而舍弃10元钱吗？答案是显而易见的。那么，想象一下，如果你是一家集团的老总，你会冒着失去一个忠诚老客户的风险去拉拢一位新客户吗？答案也是显而易见的，一位老客户能够创造的价值比一位新客户多10倍。因此，一旦你拥有了忠诚的客户，那么你就要去努力维持和他们的关系，要永远把他们抓在手里。

（5）所有人在选择时都会害怕

人们在选择和谁做生意的时候，担忧和害怕是大多数人都会出现的情绪，而这种情绪是可以通过服务人员与客户的简单交流来解决的。

一般的客户对较为专业的产品和服务所知甚少。因此他们只能希望碰到一位正直善良的商家来指导他们购买。他们希望能用一个合理的价格来获得自己需要的东西，甚至是超出自己期望的东西。而这些东西或许是无形的，比如一个微笑、一次握手，甚至是一个简单的询问。

现在你应该发现，其实要把服务做到卓越并不困难，只要你发自内心地去关心客户和满足他们的需求，并且通过服务来让客户了解到这一点，那么客户就会看到你的卓越，欣赏你的卓越，为你的卓越而付出。

服务就是赢得客户的满意

服务是一种态度，一种行为。与一般产品相比，服务质量的好坏更多地取决于消费者的感受，可后者看不到又摸不着。在这种情况下，究竟用什么来衡量和评判现代服务的好坏呢？

有一年，在重阳节到来的时候，一家酒楼推出了一项新的服务，即全市 65 岁以上老人凭老年证可以到该酒楼免费领取一只烤鸭。当然，酒楼这样做自然有它的目的，那就是实现社会效益和经济效益。但是，因为酒楼经营者对老人的数量估计不足，酒楼的烤鸭准备不充足，导致很多排队的老人没有领到烤鸭，当时，酒楼门前一片混乱。这件事情引起了很多老人的不满，所以导致酒楼不仅没有实现自己的预期目标，而且还造成了非常坏的影响。这件事启示人们，企业在提供某项服务的时候，一定要提前考虑到服务是否能够如愿实现。

有专家曾经说，“体验决定服务质量”。在服务业中，消费者更注重自己的感受。所以，消费者的体验成为评判服务质量高低的直接依据。有调查显示，大部分的美国高级管理人员认为他们的消费者都是被他们的情感所打动的。另外，也有不少美国和英国管理人员认为，消费体验也是一个销售战场，只有消费者在享受服务后拥有良好的体验，才会吸引他们再次选择同一服务。在现代社会中，人们更重视个性化的体验。但是，因为每个消费者有不同的消费需求，所以就大大提高了服务人员的标准。

例如，在日常生活中，我们听到最多的顾客对服务人员的评价是服务素质太差、服务态度太差、服务意识太差……但是究竟什么是服务素质呢？

有专家指出，服务素质由五个要素构成，即服务意识、服务态度、服务形象、服务知识和服务技能。

服务意识是服务素质的基础。只有有了服务意识，才能有服务的正确态度；有了正确态度，才能有改变服务形象、学习服务知识和服务技能的自觉性和主动性。当然，这五个要素是相互影响的，而且带有逻辑性。

所谓服务意识，就是人们对服务的认识和看法。从本质上来说，认识来源于实践，服务认识也就是来源于人们的服务实践。随着人们实践经验的不断增加，人们的认识水平得到了很大提高。当人认识到社会是人的基本存在形式时，就开始注意他人对自己的价值，以及自己对他人的意义。在这个过程中，人们就会产生服务意识。当人们从服务别人的实践中获得积极的回报时，更会对服务的价值产生正面的认同感。具体来说，所谓服务意识就是对人与人之间服务与被服务相互关系的认识。

汉斯将客户当作是长期的投资，绝不会卖一部车子之后就放弃客户。他本着来日方长、后会有期的信念，希望有一天客户介绍他的亲朋好友来车行买车。卖车之后，总希望让客户感到买了一部好车子，而且能永生不忘。这样的话，客户的亲戚朋友想买车时，便会直接考虑到找他，这就是他销售的目标。

车子卖给客户后，如果客户没有任何联系，他就试着不断地与那位客户接触。打电话给老客户时，开门见山便问："您以前买的车子情况怎么样？"有时白天电话打到客户家里，接电话的是客人的太太，她们大多会回答："车子情况很好。"他再问："有其他问题没有？"顺便提醒对方，在保修期内有必要将车子仔细检查一遍，并重申在这期间检修是免费的。他也常常对客户的太太说："就算是车子振动太大或有其他什么问题的话，请送到这儿来修理，麻烦您也提醒一下您先生。"

汉斯说："我不希望只销售给他这一辆车子，我特别珍惜我的客户，希望他以后所买的每辆车子都是由我销售出去的。"

作为专业的销售人员，你应该时刻记住：你不是因为图回报而为老客户服务。给老客户提供全方位的售后服务，是销售员的义务。只有具备这种心态，你的售后服务才能尽善尽美。具有服务意识的人，能够把自己利益的实现建立在服务别人的基础之上，能够把利己和利他行为有机协调起来，常常表现出"以客户为中心"的倾向。因为他们知道，只有首先以客户为中心，服务客户，才能体现出自己存在的价值，才能得到别人对自己的服务。因此，服务意识也是以客户为中心的意识。拥有服务意识的人，常常会站在客户的立场上，急客户之所急，想客户之所想；为了客户满意，不惜自我谦让、妥协甚至奉献、牺牲。但这都只是表象，实际上，多为客户付出的人，往往得到的才会更多。这正是聪明人的做法。

如果一个员工缺乏服务意识，那么他就会出现自私自利的价值取向，将自己和他人相对立。他们认为，如果想要满足自己的需求，使用任何手段都可以。实际上，这常常是懒人们的哲学。从本质上来说，这种做法已经违背了人与人之间服务与被服务关系的规律。如果一个企业内部这种人过多，企业是不可能有好的发展的。

只要具有服务意识，才可能尊重客户。谈到服务，有一个观念需要特别强调，那就是优质服务。曾几何时，许多管理者已经开始推崇优质服务，而且将其贯彻在实践中。当一个企业管理者具有优质服务理念之后，他会有更高的服务标准，而且成本也会不断增加，但这并没有使顾客的满意度越来越好。如果抛出其他东西，只谈服务，那么是无法做到让客人真正满意的。因为任何一项优质的服务都需要高成本，而高成本并不能保证顾客满意。因此要实现服务效益好，我们的服务应该是以客人的要求为标准，否则，一切都是徒劳。

谦卑才能掌握主动权

对服务人员来说，每天在工作中都要和很多人接触，很容易对对方产生不满和抱怨。比如，“为什么他考虑问题那么不周到呢”“他就不能多替别人考虑一些吗”，等等，这个时候你要怎么做呢？

意气用事或责备对方不能解决根本问题。而且，如果一直心生反感，却因工作不得不和对方相处下去，这肯定会影响工作效率。

这时，你就要从根本上改变思考问题的方式。不要主观地并且固执地认为是对方不好，而应该多想想对策。也就是说，不要去想改变对方，而是要想如何改变自己。

当然，这并不是要让你委屈地在哭泣中入睡。改变自己和一味附和、唯命是从不一样。

大家都讨厌在背后说人坏话、打小报告的人，即使的确是对方的错，一味责难对方也不能解决问题，反而会使矛盾更加激化。被责难的一方很容易在一气之下把你们之间那些鸡毛蒜皮的小事都说出来作为反击，让人心里更不舒服。

那么，怎么办才好呢？这个时候要采用柔性策略。

人的情感世界很有意思。如果你态度温和地对待对方，对方对你也凶不起来。从表面上看，好像是你退了一步，但实际上是你渐渐掌握了主动权，这才是成熟的做法。

上司和下级相处的技巧也是如此。比如说，在你特别忙的时候，上司让你立刻准备好一份文件，你会高兴地接受吗？你肯定会想："领导怎么就不能理解一下我们呢，工作已经堆成山了。"但是，无论心情多么焦躁，你应该也不会表现出来吧。不管有什么特殊情况，下属如果给老板脸色看，或者一直抱怨老板，那他的日子将会非常不好过。总之，惹恼老板没有好处。

在这种情况下，即便真有成堆的工作在等着你，你也要这样说："非常抱歉，因为某些原因，明天交这份文件有点困难，但如果是准备某些材料倒是可以完成，您可以交给我做。"提出这样一个备选方案，让上司知道你已经努力了，但确实没有余力，而且你要求做那些力所能及的工作，上司也会理解这一点。

学生时代和好朋友相处，你喜欢直来直去把脑子里想的都说出来，觉得就算当时伤了和气，早晚能互相理解，但是如果你觉得这种做法在社会上也通用的话，那就大错特错了。

你要做的不是责难对方，而是找到应对对方的策略，对方也会受你的感染，多反省自身的不足，这样就可以加强你们之间的信赖关系。

从高层弯下腰，依法复制

向大家介绍一个非常了不起的人物，这个人我们在前面的内容中也提到过，他就是全球最大的超市沃尔玛的创办人山姆·沃尔顿先生。山姆不仅要求自己的员工"3米微笑"，而且经常亲自在超市门口给人点头、微笑、鞠躬、服务顾客、帮助顾客搬运货物，以至于有记者去采访他的时候，简直不敢相信他就是总裁。公司的总裁怎么会亲自站在门口服务客户，向客户点头、微笑、鞠躬，为顾客搬运货物，为顾客拉门呢？

正因为作为总裁的山姆·沃尔顿弯下腰亲自为客户服务，所以沃尔玛的客户对他更加尊敬，也对他更加支持。他对同事说："我的办公室不是在我的房间，我的办公室在我的超市。我的客户在哪里，我的市场在哪里，我的办公室就在哪里。"

有一次，山姆·沃尔顿发现一个老太太走进超市，在那里转了好半天，最后没有买任何东西就准备离开。他走上前去说："亲爱的太太，我们这么大的超市难道没有一样东西是您喜欢、是您需要的产品吗？亲爱的太太，难道这么大的超市没有一样能够为您提供服务吗？"这位老太太说："不是。我的孙子要过生日，我想买一个玩具送给他，可是我找了很多的地方，发现都没有我需要的玩具。"

山姆·沃尔顿就说："请您告诉我您想要的玩具是什么？我带您一块儿去玩具部找。"他重新把她带到超市里，让这个老太太找到她所需要的玩具。当把这个玩具卖掉之后，山姆·沃尔顿又重新站到门口，弯下腰亲自迎接、欢送下一位顾客，并为他们拉门、搬运货物。

第二天，山姆·沃尔顿就将他为老太太找玩具的事，对所有的员工讲了一遍，然后告诉他的员工该如何去为客户做服务。过了几天后，他到超市的门口一看，很多人在那里点头、微笑，热情地欢迎客户，很多的主管经理也走出办公室，在超市里服务客户。当有顾客没有买任何东西准备离开时，他们就会热情地走上去说："亲爱的先生，难道我们这么大的超市没有一样你喜欢的产品吗？""亲爱的小姐，难道我们这么大的超市没有一样产品是你需要的吗？""亲爱的太太，难道我们这么大的超市没有一样东西可以为你提供服务吗？"

当沃尔玛所有的员工都依此方法，开始弯下腰去服务客户的时候，沃尔玛一年的营业额可以做到1250亿美元，并以15%的速度持续增长。即使山姆·沃尔顿去世以后，这种服务顾客的精神也继续传承下来，发挥着巨大的作用。现在沃尔玛超市全球营业额每年已递增到2500亿美元。

无独有偶，另外两位世界级企业领袖，也经常弯下腰亲自服务顾客。麦当劳的创立者瑞·克洛克也常常到处看，钻进一家连锁店，手里拿着一块从停车场清除的垃圾，对连锁店经理说他也可以做这些服务他人的事情。

考夫斯湾麦当劳的所有者兼经营者克里斯·辛普森先生也有类似的举动，有一次他在他的连锁店召开的早餐会上，注意到停车场有狗粪，与会者惊讶地看到他立刻拿了把铁锹走出去，亲自清除了污物。其实他完全可以叫一位职位低的员工去干这种脏活，但他却用自己的行动，向全体员工讲明了为他人服务并不只是位卑者的专利。

所以我想对朋友们说，他们都能如此弯下腰去做服务，我们为什么不能？如果作为领导者都能弯下腰，你的下属又有什么理由不能去弯下腰服务呢？

人生来就是为别人服务的，不然我们的价值在哪里体现？我们既然能享受别人提供的服务，我们为什么不能为别人提供服务呢？

这就是宇宙中的对应原则。没有不重要的服务，只有不被重视的服务。服务不会随着身份的不同而发生改变，无论是企业的最高领导者，还是最底层的职员，服务是每个人都应该做的事。而作为企业的领导者，更应该起到表率作用。

我们大家要知道一点：基层做事的行为态度往往是从高层那里学的，新员工是跟老员工学的，后来的跟先来的人学的。你自己做得更好就会引发下面做得更好；你对自己要求越高，下属服务品质提升就越快。作为一个公司的领导者，你做事的态度和方式都在无形中影响着你的下属。亲自给客户倒茶、送客、搬凳子、鞠躬，你这种最简单的姿态动作都在无形中影响着你的下属，也自然能复制到他对待客户的行为当中，来创造最佳的服务品质。如果你自己不能以身作则，对客户态度恶劣，那么你的员工也会以同样的态度对待客户。因此，我们要充分认识到“身先律己”的重要性，并在团队中彻底推行，方能赢得客户更多、更大的合作。

想方设法引导客户说出你想要的

我们知道该如何从客户的闲聊中获取客户兴趣爱好等方面的信息，可是在现在这个“说话留三分，不说闭严嘴”的年代，想从那些久经商场考验的客户嘴里套到一些真实的想法，真的不太容易。尤其是对那些性格内向的客户更是如此。要想实现自己的目的，就一定要多想一些办法。

小李是一家物流公司的业务员，他最近正试图拿下一家大公司的产品物流订单。这家大公司老板早年曾经当过兵，虽然不喜欢说话，但心里很有主意。与客户接触几次，小李都没能从其嘴里套出一些“真话”，于是小李决定换一种交流方式。

有一次，小李又去公司拜访客户。落座以后，他说起了自己以前的经历——大学毕业以后，他在一家物流公司工作，那家公司的老板和高层人员都是退伍军人。“现在想想，在那家公司真的学到了很多东西。军营还真是一个大熔炉，从那里出来的人，都有一种特殊的劲头。”小李最后说。

“那是！当过兵的人和没当过兵的人差别大着呢！别的不说……”说起军旅生涯，这位不太爱说话的客户来了精神。在和小李聊天的过程中，他对比军人的风范，说了许多关于小李公司的事情。这时候，小李才知道这位客户对这次合作是怎样一种态度——客户觉得小李他们公司的管理还是有些松懈，所以非常犹豫。知道了客户的想法，小李决定马上回去向公司报告，然后做出相应的调整。

客户不是一句话不想说的闷葫芦，那样的人在商场也吃不开。他们不想说出想法的原因，大多是不愿意说，或者认为说出来没有什么意义。而且，这些想法基本还都是负面的。要想让他们一吐真言，首先就要让他们打开话匣子。

小李的做法就非常合适。他找到了一个能够引起客户兴趣的话题，而且这个话题还能与自己的公司、现在这单生意联系起来。在客户越来越浓的谈兴中，他获得了自己想要知道的信息。事实上，在销售中我们也可以使用这个办法。只要打开了客户的话匣子，我们就不愁得不到想要的信息。

“我的客户太能说了！话匣子一打开就没完没了。我该用什么办法才能堵上他的嘴，让他把话题转移到我想要推销的生意上来？”有些性急的销售员发现客户越说越兴奋以后，就开始有了这样的烦恼。为什么你要着急关上客户的话匣子呢？想方设法让客户多说，以获得更多信息的是你，现在试图让客户闭嘴的也是你，这完全就是一个以自我为中心的矛盾心理。如果你真的有这样的想法，那么我劝你最好马上将它打消。让客户说下去，你会获得更多的好处。

推销员王伟对他的一位客户非常头疼。这位客户是一个性格内向的人，他不习惯与陌生人交流。所以，王伟一直为如何知道客户的真实想法而头疼。为了让自己的推销能够有一个好的结果，王伟在无法打开客户话匣子的情况下只好自己没完没了地说。可是他发现，客户越来越沉闷。这让他心里感觉很不好。

有一次接触时，王伟留了一个心眼，他故意不断地问客户问题，而且也不再像以前那样不停地推销产品，闲聊的成分大大增加。也许是因为这次王伟没有表现得那样急迫，也许是因为他们把交流的地点选在了星巴克咖啡厅，还也许是因为他们已经见过很多次面，总之这一次客户打开了自己的话匣子。

其实客户心里有很多话，只不过他不太善于表达罢了。客户滔滔不绝地说着，从对王伟产品的感觉，到对推销行业的看法；从个人人生发展理念，到自己的交友观……王伟一直没有打断客户的话题，而是认真听客户说。在这一过程中，王伟获益匪浅。他甚至已经在想，下一次会面时应该如何说服客户。但令他惊讶的是，不用等到下一次会面，这一次会面结束时，客户就主动提出要签合同了。

对于事例中这种性格内向的客户来说，能够对一个人倾诉自己的想法，本身就是对对方信任的象征。也许这样的客户并没有想和你倾诉的欲望，但由于你使用了一些交际技巧，让他有了这种举动。于是他就会在心里产生一种自我暗示：我很相信对方。这种暗示会对你的推销产生很大帮助。

如果你的客户是一个性格外向的人，那么在他打开话匣子以后，你很快就能从他的话语中收集到大量信息。除了这些信息会给你带来启示以外，对方的畅所欲言和你的耐心倾听也会让他产生很好的心理倾向。

总而言之，不管你的客户是什么性格的人，只要你让他有了畅所欲言的机会，而且还耐心地倾听了他的发言，那么对你与他接下来的相处都是好处多多。至少，这种局面比他什么也不说要好得多。既然如此，我们为什么还要打断他的话题呢？！要知道，哪怕是再亲近的人，被对方打断也会非常不高兴。

所以，客户不想说，不愿说出心里话，我们要想方设法引导他说，一旦他打开话匣子，你就千万不要干扰、打断他。因为你费尽心机说服他的推销效果，往往还远不如一句话不说，听他“唠叨”来得更好。

如何让客户多说话，畅所欲言，是每一位销售员都应该认真思考的问题。下面给你提供几个小技巧，相信会有所启发。

1. 关注客户，少谈自己

仔细回想你以往的推销经历就会发现，几乎所有的客户都不喜欢没完没了听你的推销介绍。他们除了要听你介绍些主要情况，大多时候还是愿意让你听他们说。他们不想让销售人员思考哪些产品适合他们，而是想让你思考你有哪些产品符合他们的要求。事实上，这就和一个人喜欢谈与自己有关的事情，不喜欢说和对方有关的事情是一个道理。

从这个角度来看，要想打开客户的话匣子，我们就一定要让他们多说一说关于自己的情况。在说这些情况的过程中，他们就会把自己的想法全部暴露出来。

2. 暗示客户，你对他是安全的

在充满对抗意味的推销活动中，客户往往都会把推销人员放在“敌对”的位置上。在他们的潜意识里，与推销员推心置腹都是危险的行为。所以，不管是赞同你的推销，还是反对你的推销，他们都不会轻易把自己的想法暴露出来。这样一来，要想让客户畅所欲言，我们就需要通过语言暗示等途径“告诉”客户，你对他而言是安全的。

比如，“您有什么看法尽管说，我们很欢迎您给我们提意见。”或者“以咱们的交情，还有什么不能说呢？”诸如此类带有安抚意味的话往往能够成为打开客户话匣子的金钥匙。

主动提供更超值的贴心服务

“我们的服务最超值！”这曾经是一家房地产公司打出的标志性广告。可是就在短短3个月以后，这家公司就面临着破产危机。原因很简单，他们出售的房产很快就被业主发现有质量问题。消息曝光后，不仅剩下的房子无人问津，就连已经卖出的，也纷纷被要求退房。

“服务超值”的承诺很吸引客户，可是如果不能把这种承诺兑现，那么后果也很严重。精明的销售人员都知道，永远不要把自己的广告语说“满”。与其从嘴上吹出“服务超值”，还不如用实际行动干出这个评价。要知道，如果你能够发自内心地为客户提供超值服务，那么等待你的一定是客户的长期合作。

1.“超值”是产生回头客的源泉

许多人想尽方法要留住客户，可唯独忽略了客户与你持续合作的根本原因：你的产品与服务“对得起”他付出的金钱。

每一个人心里都有一本账，精明的客户也不例外。如果你站在他们的角度思考就会发现，他们心里的账本其实很简单，对你产品服务的评价也很简单，综合起来只有三个等级：不满，一般，满意。

在销售中，你对客户承诺了什么，他们就会以什么为评判标准。达得到承诺，他们不会感觉满意，因为这些都是他们用金钱换来的；达不到承诺，就会出现上面房地产公司客户那样的情景，他们的内心世界就会充满了怨恨和怀疑，认为他们受到了欺骗；只有你给出的产品和服务超过了承诺，这些客户们才会慷慨地给你一个"满意"。只有做到这种地步，客户才会觉得自己的决定是正确的，他的消费是享受的。而销售员要想获得这种"满意"，就一定要做出远超承诺的服务。这就是"超值服务"的重要性。

武汉赫赫有名的景明大楼管理方突然收到了一封来自英国某建筑设计事务所的公函。公函中声称，由该事务所于1917年设计，1921年建造完成的"景明大楼"，经过80年的使用，已经到了超期服务的状态，希望业主重视。

与前面提到的那个房地产商欺骗客户不同，景明大楼的设计建造方在历经80年风风雨雨之后，仍然记得提醒大楼业主房屋使用寿命到期，这是一种什么样的坚持和服务？换个角度思考，相信大楼的诸位业主更喜欢这样的服务。

所以，要想留住客户，销售技巧固然要巧妙使用，可更重要的是让自己的产品服务在客户心目中形成超值的印象。

2. 超值的服务不代表"赔钱"

所有销售人员和经营者对自己的服务都是心中有数的。怎样做才能超值，他们心里也是一清二楚。之所以还有那么多人做不到这一点，就是因为他们的思想意识里对付出超值服务还有着抵触情绪。甚至在许多人看来，超值服务就意味着吃亏，意味着"赔钱"。从思维逻辑角度来看，这些人的这种想法和做法，无疑是短视的。

在京沈高速公路上，有一家深受司机朋友喜爱的加油站。这家加油站从外表上看，与普通的服务区加油站没有什么区别。可所有走进里面的客户，却都能感受到一种超值服务的享受。

司机驾车一进站，马上就会有一个服务小组上前接待。他们提供的不仅仅是加油服务，还包括许多令驾驶者感到愉悦的体验。“一个小组分为三个人，他们的分工各不相同。”加油站的值班经理这样介绍。一般情况下，小组的三个人一人负责以最快的速度，按照司机指示进行加油；一人负责对车辆进行简单维护，如简单的擦洗，对车况进行检查，必要时会请示司机是否进行维修；而最后一个人则负责接待司机。

跑长途的司机都有一个共同的感受——疲劳、孤寂。长时间驾驶消耗的不仅仅是他们的体力，还有精力。加油站对此就推出了特色服务。他们安排员工给司机提供饮食、饮水，对他们所提出的各种要求及时予以帮助。即使司机没有提出什么要求，他们也会与司机简单聊上一会儿，让他们紧绷的神经得到片刻的放松。就这样，许多常跑这条线的司机都慢慢和加油站的员工成了好朋友，并把这里作为他们最常去的加油站点。

加油站不仅仅可以为车加油，而且还会提供那么多额外服务，最令人高兴的是这些服务都是免费的。如果你是司机，相信你也会喜欢这样的服务。

事实上，客户们更注重的是“软件”服务上的尊重和精神上的满足。他们对产品硬件的超值并不抱有太多的期望，因为他们也知道成本增加对于一家企业来说意味着什么，可是这并不妨碍他们希望获得“软件”方面的超值。一家公司、一位销售人员要做到这一点并不难，只要真正将客户放在心上，那么超值服务就不难拿出来。

超值服务对维护客户关系帮助多多，所以在超值服务的具体形式上，我们一定要精心设计。客户期待获得的服务你要提供，超出客户期待的服务你也要毫不吝啬。与此同时，你还要保持自己公司赢利和坚持长期付出超值服务的成本。这些都需要精明的销售人员和经营者多花心思。

（1）销售员对客户的潜在需求要有深刻了解

开车来加油站的司机需要加油，这种需求是每一位销售人员一眼就能看清的。可是如果你仅仅看到这一步，那么想付出超值服务，恐怕就很难。对客户的潜在需求有深刻了解，这才是提供超值服务的前提。那些司机需要解除寂寞，需要有人关怀，需要获得汽车维修和保养方面的服务。

所以，要想“黏”住客户，让他对你的服务感到满意，首先就要知道他的需求。对自己的工作多用心揣摩，对面前的客户多方观察，体会他的兴趣、他的需要，这样我们才能达到目的。

（2）客人想不到的，我们要想到

与客户相比，销售人员无疑是更专业的人员。比如，作为某款知名品牌的代理销售员，我们要比客户更了解产品的性能和优缺点。所以，我们就应该站在专业的角度，给他们提供更加全面的服务。前面我们介绍的那个建筑设计事务所的案例，就是这样的典范。这样做的结果就是，一方面让客户对我们产生更加强烈的信任感；另一方面让他们得到更多的实惠。得到实惠，客户就不会吝啬付出订单。

始终如一的人性化关怀

在激烈的市场争夺战中，让客户享受人性化关怀，是留住他们的绝佳途径之一。

20世纪90年代，“超市”这种经营方式从西方传入我国。在很短时间里，它就一举击败了延续数百上千年的柜台销售模式。为什么超市能够把广大客户紧紧留住？就是因为它们的经营方式更加人性化。

所谓人性化就是指，在为客户提供服务之前，你要考虑到你所提供的服务对象是人，所以，在对服务进行设计时，就要从人的角度出发，为他们设想，让他们在使用的过程中感到舒适，并且能保持尊严。超市能够让人自由选购，能够让人躲开售货员的傲慢，仅此一条就让消费者喜欢上了它。

从超市战胜柜台的例子中，我们已经能够理解“人性化”在留住客户方面所具有的优势。其实，对于这一点，大多数销售人员都有所认识。问题的关键是，如何让这种人性化服务真正发挥作用。

1. 让客户参与进来，他们会感受到你的人性化关怀

人性化的针对目标是客户，公司想留住的人也是客户，既然如此，不知道该如何才能让他们更满意、更舒适的你，为什么不让这些客户参与到你的工作中来呢？李远是一家大型连锁超市的分店经理，他在这方面的经历就很有教育意义。

李远非常重视自己的工作，他渴望在这个岗位上实现自己的人生价值。要实现这个目标，首先就要压倒在同一地区与他竞争的同行，留住客户的脚步。为此，他想尽了办法。

在超市服务发展日臻完善的今天，想让自己的服务更加人性化并不那么容易。经过再三考虑，李远作出了一个惊人的决定：所有顾客都可以到服务台提出自己对超市发展的意见。其中，能够给超市提供令顾客购物更方便的好点子的人，还将得到免费购物券。消息传出，不断有人去给超市提各种各样的建议。

比如，夏季，有人建议开办免费“借雨伞”服务；冬季，有人建议为老年人设立防滑通道；还有人提出可以将会员卡一式两份：一张大的主卡，

一张可以挂在钥匙链上、随身携带的小副卡……

为了收集这些客户意见，李远付出了不小的代价。也正是因为这些点子，让他的超市成为周边诸多超市中最受欢迎的一个，因为在这里购物最方便，而且服务也最周到。许多住得远一些的居民甚至舍弃家门口的超市，散步来他的超市购物。在短短一年的时间里，他使自己的营业额上升了近40%，而他本人也成了集团的金牌店长。

李远很重视意见簿。他不仅让客户在服务台前留下对超市的意见和建议，而且也极力鼓励大家提出自己的改进意见。虽然有些意见具有操作性，有些只是异想天开，但李远却从中获得了让自己的服务更人性化的灵感。同时，他的做法也让客户有了参与互动，共同建设"自己的"超市的想法。这何尝不也是一种留住客户人心的巧妙策略？

鞋是否舒适只有穿鞋的人知道，同样，你的服务是不是人性化也只有你的客户才最有评价权。现在，许多公司都为客户设立了意见簿，可真正让这些小本子发挥作用的却不多。这其实是一个误区，因为这些意见簿的实际作用，可以远远超出忽视它存在的经营者的想象。

所以，要想让自己知道该怎么做才能给予客户更人性化的关怀，就不妨向李远学习，多收集一些客户意见，甚至干脆让客户参与到你的服务中来。

2. 针对性服务更能防止客户叛离

客户彼此之间的需求是存在很大差异的：你针对某一群体推出的人性化服务在其他客户眼里很可能就是多余的；你对某些客户专门设置的服务，在别人看来也很可能是奢侈腐化的代名词。所以，在设置人性化服务时，一定注意要有针对性。

人类社会是一个崇尚帮助老幼的群体社会，面对老弱病残孕等需要照顾的人群，如果你能够提供独特的、更适于他们身体条件的服务，同时这种服务还能够照顾到他们的自尊心等方面，那么你一定会赢得他们的好感。不仅如此，即使是那些不需要这类服务的客户也会从你的举动中感受到你的温暖和关怀，进而对你产生好感。

特殊客户，特殊对待。在商业经营法则中，有一种“二八理论”，也就是说，公司80%的利润是由20%的客户创造的。所以在接待客户时，我们就要有侧重点。比如，针对那些与公司关系密切，对公司发展意义重大的特殊客户，你可以提供特殊的、符合其需求的服务，这不仅有利于稳住这些特殊客户，而且有利于促进其他普通客户向特殊客户转变。

有些客户并不是特别重要，但他们却有着比较独特的个性。比如，一些人比较注重品位，还有一些人贪恋个人利益等，对待这些个性客户，我们最好能够事先摸清他们的具体情况和特殊要求，然后“对症下药”。

总而言之，人性化服务就是针对客户的个人需求，为他们量身定做，能够让其精神需求得到满足的服务。不管是让客户参与进来，还是你主动出击，让他们感到满足才是最重要的。

为客户提供人性化服务的技巧当然不止上面提到的这两项。在销售活动中，你完全可以根据自己的需要制定更符合环境要求的策略。这里，我们提供两条制定个人策略的依据要点。

（1）多考虑人性弱点

人都有弱点，这些弱点往往使销售人员突破客户心理防线，使他们更乐于接受你的关键点。比如，几乎所有人都有惰性，所以在为他们提供服务时，你就要尽量让他们需要办理的手续更加简单。以往需要填一大堆材料，现在只要填一张就可以；以往客户要跑很多次，去很多窗口，现在只要一个窗口，一个大厅就能OK。

（2）多考虑人性差异

人性的差异让客户对人性化服务的需求各不相同。比如，有的人脾气暴躁，说话直来直去；有的人腼腆少语，遇事喜欢多思考。面对这些个性特征完全不同的客户，你要学会采用不同的销售策略。

第六讲　大爱心：提供最人性化的服务

京东商城：亲情360度全方位服务

京东商城是中国最大的综合网络零售商，是中国电子商务领域最受消费者欢迎和最具有影响力的电子商务网站之一，在线销售家电、数码通信、电脑、家居百货、服装服饰、母婴、图书、食品、在线旅游等12大类数万个品牌百万种优质商品。据相关统计，在2012年第一季度，京东商城以50.1%的市场占有率在中国自主经营式B2C网站中排名第一。到目前为止，京东商城已经建立了华北、华东、华南、西南、华中、东北六大物流中心，同时在全国超过300座城市建立了核心城市配送站。

京东商城的展示空间非常灵活。无论消费者查询还是购物都不受时间和地域的限制。依靠庞大的物流体系，消费者可以享受“足不出户，坐享其成”的便捷。在2009年年初，京东商城自己建立了物流公司，运输更加方便。

1. 服务是京东的发展根基

一直以来，京东商城都以客户服务作为企业发展的基础。为了能为客户提供更好的服务，从2009年至今，京东商城陆续在天津、苏州、杭州、南京、深圳、宁波、无锡、济南、武汉、厦门等超过130座重点城市建立了城市配送站，为用户提供各种服务，如物流配送、货到付款、移动POS

刷卡、上门取换件……在2010年，京东商城在一些一线城市率先推出“211限时达”配送服务，在全国实现“售后100分”服务承诺，随后又推出“全国上门取件”“先行赔付”、7×24小时客服电话，服务更专业。在2011年年初，京东商城推出“GIS包裹实时跟踪系统”；3月，京东商城获得ACER宏碁电脑产品售后服务授权，同期发布“用心服务体系”，京东商城开创了电子商务行业全新的整体服务标准。

正是因为为顾客提供了优质的服务，京东商城才得到了更多消费者的信赖和惠顾。

2. 创新的服务理念

服务理念是人们展开服务工作的主导思想和意识，反映了人们对服务工作的认识和态度。它决定着企业以及企业员工为客户服务的态度与观念。服务理念是企业的一面旗帜与精神，它是企业做好服务工作的前提与基础。那么，具体的服务理念究竟有什么呢？以下是一些现代服务理念，它可以帮助你拓展视野，强化你的服务意识，提高你的服务主动性与科学性。

要想学习服务理念，首先就要科学地界定客户在自己心中的位置：

（1）客户就是父母，要以客户为中心

客户是一家企业最宝贵的资源，直接决定了企业的生死存亡。因此客户可以说就是你的衣食父母，而客户的要求就是你的工作范围，客户的满意就是你的工作标准。

（2）客户就是朋友，要热心对待

服务人员要经常与客户进行情感交流，以情感人，广结善缘，提供亲情化服务。

（3）客户就是自己，要将心比心

服务人员应该有换位思考的能力，要把客户的事当成自己的事来办，并且用心去办。

（4）客户就是检查员，要用真情换真心

服务人员应该牢记25理论，即一名客户不满意而且会将不满意转递给他周围的25个人。因此服务人员应该善待每一位客户，珍惜每一次服务的机会。

（5）客户永远是对的

服务人员要有容让的胸襟与气度，有理要让人，无理更要道歉。要把“对”让给客户，客户对你刁难，你以笑脸应对。不去争辩谁是谁非，给客户一个台阶，你的服务就上了一个台阶。

（6）来者是客，一视同仁

服务人员应该认真对待每一位客户，认真对待每一个服务的对象，要记住“来者是客”的道理，对所有客户一视同仁，不应持有偏见。

（7）客户可以创造

客户是可以创造出来的，只要服务人员善于发掘潜在客户，那么你的服务能力肯定会越来越强。

除了要认识客户对自己意味着什么，服务人员还要了解服务究竟是什么：

（1）服务是分工，客户是自身

每个人都是服务链中很重要的一环，你在提供服务的同时也在享受着服务。

（2）服务是资质和本分

服务是社会对你的能力素质的一种认定。每一位拥有劳动能力的人都只有为社会服务才能从社会上获得回报，才能生存下去。

（3）服务就是市场

服务就是经营、服务就是效益、服务就是生命线。服务是赢得客户的赛跑，今天的服务现场就是明天的销售市场，客户的满意是永恒的市场。

（4）服务创造价值

服务是一个双赢战略，服务可以为产品增值。同样一件产品，如果服务好可以卖出200元，如果服务不好，50元或许都无人问津。

（5）服务是管理

如果你是一名管理者，那么你就要保证带领你的队伍为客户建立一个完善的服务体系，建立健全的服务机制与激励约束机制、快速反应机制和市场链机制，把服务看作管理的一部分。

（6）服务是创新，服务要延伸

服务人员应不断丰富服务的内涵与外延，由浅入深地把服务循序渐进地提供给客户。

（7）服务是便利，操作要简单

服务人员要把最复杂、最难办、最容易出错的工作留给自己，把最简单、最省事的操作方案留给客户。

（8）服务是事业，服务是灵魂

服务是一种工作，更是一种追求，还是一种体现人生观价值观的渠道；服务是社会高品质生活的纽带与灵魂；服务是一种事业，是一种乐趣，更是一种人生；服务是工作、生活乃至生命中的重要组成部分，人生因服务而精彩，因用心服务而美丽。

观念是财富，观念更是资源，观念不变原地转，观念一变天地宽，服务人员如果能够彻底吸收以上这些服务理念，那么你的服务水平肯定会节节攀高，而你的企业也会持续健康地发展！

无缝服务让顾客感到舒适

只有服务流程规范、合理和科学，达到使客户满意的程度，才能称得上是服务技术好。在现实生活中，虽然企业一再强调服务的质量问题，但是很多服务人员的目光会使顾客望而却步。

在日本迪士尼的员工服务规程中有这样的规定：请您时刻与客人的目光平视，如果对方是一个孩子，请您蹲下来与对方交流。就“蹲下来”这三个字，充分体现了服务的人性化。

一位参观福建古建筑宏琳厝的游客，非常感慨于它设计的人性化。无论是哪道门，只要是迎接客人的，门中间的门槛都是可以取下的，当然这样做是考虑到那些穿长裙的女客人。因此，从这个方面足以看出其服务技术是非常好的，因为它做到了从客人方面来考虑。

某餐饮有限公司的餐厅没有统一的服务流程，服务质量千差万别，服务员都是想当然地做事情。例如，在接待客人的时候，很多服务员在了解客人的需求和人数之后就离开了，不对值台服务员交代，也不提醒。而过一会儿，过来给他们服务的人员又会换一个人，然后问同样的问题。这样的服务效率非常低。

在中国，这种不合理的服务流程还是非常多的。服务企业不重视服务流程的设计，不仅让客人感到不便，而且还会引起他们的不满。因此，如果想要提高服务技术，首先要使自己的服务流程能给客人提供方便。

因为与其他实物产品相比，服务产品具有独特性，如不可流动、不可储藏、生产与客人消费同时进行，所以，服务要求无差错。当然其前提是服务者个人的服务完美无缺。在管理学上有一个木桶原理，即一只木桶能够盛的水量取决于木桶中最短的一块木板，而不是最长的一块。如果将这个原理运用到服务中，即服务质量的好坏取决于服务技术最弱的部分。

通常来说，影响服务质量问题的因素有两种，即缺乏基本的服务知识和认真的服务态度。知识可以通过很多方面来补充，如培训、教授、上岗实习……而态度更需要的是个人内在修养，如个人觉悟或强制性的反复灌输培训。

“我们第一次做事的时候就要把事情做好”，这是印在美国马里奥特饭店《质量手册》封面上的一句口号。为了防止错误发生，一般要采取下列措施：①员工要进行上岗前或岗位变动前的培训，知道如何去做好工作；②每一位老员工都有义务和习惯用示范方式指导新员工如何做好工作；③每一位员工要对自己的工作进行自查，每一位主管要对员工工作进行全面检查，确保在宾客到来之前有备无患；④为了确保饭店质量，饭店还可以设立“质量警察”来巡回检查；⑤建立和完善预测客人需求制度。

马里奥特《质量手册》告诉我们，无差错服务的基础是第一次做事情的时候就要把事情做好。开展零缺点工作日竞赛，使员工养成无缺点的工作习惯，使个人的服务尽量完美无缺。

零缺点工作日可以循序渐进地进行。为了帮助我们养成把工作做好、不发生错误的习惯，我们可开展无缺点运动。可以开展无缺点工作天、无缺点工作周、无缺点工作月等竞赛，逐渐使我们养成无缺点工作的良好习惯。

如果想要给客人提供好的服务，不能只依靠个人完美的服务，更需要整个服务过程的配合。服务质量是一个整体，它是由各个岗位的每一项工作和每一个人的每一个行为构成，只要有一点使客人不满意，那么这种服务质量就是坏的。进而，就产生了一个著名的质量否定公式：100 - 1 < 0。其具体含义是，如果有一项工作出现了问题，其服务质量就是坏的。

这里就需要提到另一个木桶原理。一只木桶能够装多少水不仅取决于每一块木板的长度，还取决于木板与木板间的结合是否紧密。如果木板之间的缝隙特别大，要想装满水是不可能的。因此，服务的配合协调也直接关系着服务技术的好坏。

有这样一个例子：某城市的一户居民房屋发生了火灾。后来在寻找火灾原因的时候，消防人员发现火灾现场有一段高压线，高压线离一棵参天大树仅有不到一米的距离，只要遭到雷击，火灾的发生就成为必然。

为什么当地居民并没有意识到这个火灾隐患呢？经过调查发现，当初街道居民发现这一情况之后，马上就找到了电业部门，希望他们可以移走高压线。听到这种反映之后，电业部门确实派来了两名工人师傅。但是当师傅正准备移线的时候，发现了距离不到一米的大树。当时他们的决定是先把树砍掉。当林业部门人员来了之后，给出的建议是先移走线。就是因为双方相互推诿，才导致了火灾的发生。

当然，这种情况在我国普遍存在，无论是在哪一方面，没有人愿意迁就别人。正是因为没有做到相互配合才使人们饱尝苦果。在过去的宣传和教育中更多地提倡“不当元帅的士兵，不是好士兵”“宁为鸡头，不为凤尾”这样的行为观念。的确，这极大地鼓励了中国人的上进心。然而，凡事都具有两面性。元帅只能有一个，而士兵却需要无数。如果大家都是元帅，那么根本无人可以被他们领导。

因此，尽管人人都有想当元帅的愿望，但是多数人最终成为士兵。如果是怀着落魄元帅的心态来当士兵，他肯定不可能是一个优秀的士兵。如果你现在只是一个士兵，那就要保持优秀士兵的心态来成为一名合格的兵，而且要学会配合，配合他人，配合领导，配合所有应当配合的事情，只有这样，才能让我们这只桶成为一只最能够盛水且坚固的大桶。

在小品《配角》中，陈佩斯非常形象地刻画了配角的心态，不甘也不忍。朱时茂非常大度地将主角给他，可配角的他怎么看怎么不是主角的料。当然，艺术有夸张，生活不完全是这样。可是，不管怎样，我们生活在大社会、大团体中，就应该明白而且非常乐意地去配合别人。为了团体目标，为了客人的满意，也为了您的个人利益，开心地当一个配角吧。

淡化服务链条间的各服务主体意识，放大服务整体性是服务无缝隙的重要内容。在服务过程中，建立"首问负责制""无界"服务和服务台，是实现服务无缝隙的重要措施。

投缘：与客人达成一致的服务技巧

达成一致需要智慧、时间，达成一致是利益博弈后的结果之一。

许多时候，要与客人达成一致，既要说服客人调整自己的一些想法和利益，还要我们放弃一些利益，更多的时候需要我们的同理心、爱心、责任心和智慧。在明白了客人需求的情况下，在调整不同情绪客人的心态下，创造性地解决客人的问题。最后的解决方案既让客人满意也让我们满意，这就是与客人达成一致的技巧。

1. 与愤怒的客人达成一致

当你遇到这种情形，客人非常的不理性或者愤怒，他拒绝任何理性的合乎逻辑的建议，你该如何处理？这里有 7 个建议，使你能够让他的情绪逐步平复下来并和你达成一致。

（1）合作

首先你需要找一个双方都认同的观点，比如说："我有一个建议，您是否愿意听一下？"这么做是为了让他认同你的提议，而这个提议必须是中立的。

（2）了解客人的真实想法

"您希望我怎么做呢？"通常我们自以为知道别人的想法，自以为有探究别人大脑深处的能力。为什么不问一下对方的想法呢？只有当对方描述他的想法的时候，我们才能真正确定，才可能达成双方都接受的解决方案。

（3）转移客人的注意力

这是一个小的获得认同的技巧，是一个经验丰富的一线服务者的忠告。当接待情绪激动的客人时，你可以请求客人随手递给你一些诸如回形针、笔和纸等东西；当客人递给你时，你便马上感谢对方，并在两人之间逐步创造出一种相互配合的氛围。使用这个方法好几次，就能有效地引导客人进入一种相互合作而达成一致的状态。

（4）征询满意的处理意见

了解客人的情况后，你可以说："我很高兴您告诉我这些问题，我相信其他人遇到这种情况也会和您一样的。现在请允许我提一个问题，您看这样处理是否合您的心意……"

（5）探询"需要"

通常你在问对方问题时，对方总是会有答案的。如果你问他们为什么，他们就会把准备好的答案告诉你。只要你沿着这个答案再次逐项地追问下去，他们就会告诉你真正的原因，你就会有去满足客人"需要"的方案。最好的探询需要的方法是多问几个"为什么"。

（6）管理对方的期望

在向他说明你能做什么不能做什么时，你就应该着手管理对方的期望了。不要只是告诉他你不能做什么，比如："我不能这么做，我只能这么做。"大多数人所犯的错误是告诉对方我们不能做什么。这种错误就好像是你向别人问时间，他回答你："现在不是11点，也不是中午。"请直接告诉客人到底可以期望你做些什么？

（7）感谢

感谢比道歉更加重要，感谢他告诉你他的问题，以便你更好地为他服务；感谢他指出你的问题，帮助你改进工作；感谢他打电话来，你觉得和他沟通很愉快。客人的抱怨往往起源于我们的失误，客人的愤怒往往起源于我们的冷漠和推诿。所以他打电话来之前会预期这将是个艰苦的对决，而你真诚的感谢大大出乎他的意料，他的情绪也将很快得到平复。

2. 与不同行为风格的客人达成一致

开朗性的评判标准是一个人愿意真正说出内心正在发生的情况的程度。开朗的人非常重视人际关系。

如果将直接程度与开朗性相结合，人基本上分为4种行为风格，即侃侃而谈者、擅长交际者、颐指气使者以及三思而后行者。

（1）侃侃而谈者

是间接而开朗的人。这种类型的人特别热情，善于建立与他人的关系。

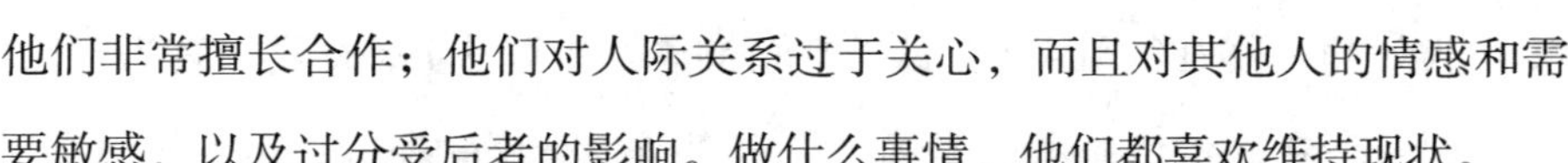

他们非常擅长合作；他们对人际关系过于关心，而且对其他人的情感和需要敏感，以及过分受后者的影响。做什么事情，他们都喜欢维持现状。

服务者在为他们提供服务的时候，不仅要满足他们对技术和业务的需求，而且还要满足他们的思想和情感需要。另外，也要时常保持与他们的关系。

（2）擅长交际者

是直接的人。这种人善于幽默，他们能够在很短的时间内就把他人争取过来。即使局面发生变化，他们也可以迅速适应。无论什么话，他们都可以以幽默的方式表达出来。但是这种人的弱点也是非常明显的，那就是过于表现自己的长处，而不注重细节。如果所做的事情需要单独完成，那么他们就会感到非常厌烦。

服务者向他们服务时，一定要努力使他们兴奋、激动，而且在精彩的部分花费更多的时间和精力，尽量留出充足的时间让他们表达。在讨论的时候，千万不要催促他们，而且多对他们说的话有所附和。

（3）颐指气使者

是郁郁寡欢的人，他们重视任务，做事情较为直接。但是往往较为固执，对他人关心甚少。

服务者在向他们服务的时候，一定要为他们提供选择，然后让他们自己作决定。另外，所提出的计划一定要非常中肯。在谈话的时候需要迅速点明主旨、击中要点，保持条理性。当情况发生变化的时候，需要准确地说明情况。在这里需要特别提醒的是，这种人更重视任务。所以，与情感相比，他们更注重事情本身。

（4）三思而后行者

是间接的人。三思而后行的人更加追求效率。他们将注意力首先集中在任务上。他们以任务为目的，能坚持在别人看来可能是乏味的工作。但是，正因为如此，被很多人认为是缺乏热情的人。在行动上，这类人较为缓慢。

服务者在向他们服务的时候，一定要做好充分的准备。对于他们所提出的问题，一定要实事求是地回答。而且在提出建议的时候，一定要给他们充足的思考时间。另外，千万不要忽略其中的很多细节。

如果服务者能够对这4种性格的人有充分的了解，那么在服务的时候就能省去很多麻烦，当然也更容易取得成功。

每个人的行为都不是固定的，它会在很多时候发生变化。所以，一个人的性格也会展现出多方面。服务者在一个特定时间所看到的行为使自己知道对方在那一刻的需要是什么，要永远对在那一时刻所看到的行为风格做出反应。

不同性格的人的基本需求是不同的。概括来说，颐指气使者的需要是把任务完成；擅长交际者想要被人注意；三思而后行者关心准确性；侃侃而谈者想要维持基本关系。

为了使每种人的需求都能得到满足，服务者一定要充分发挥自己的聪明才智，而且还要学会变通，尽量满足客人的需要。

人性化服务要素之一：可靠

“不要接无法完成的任务，切记履行承诺。”

——乔治·华盛顿

作为美国独立战争时的陆军总指挥，乔治·华盛顿非常清楚，数千人的生命和一个新国家的命运掌握在自己的手中。他必须言出必行、履行诺言，绝不能对局势判断失误。

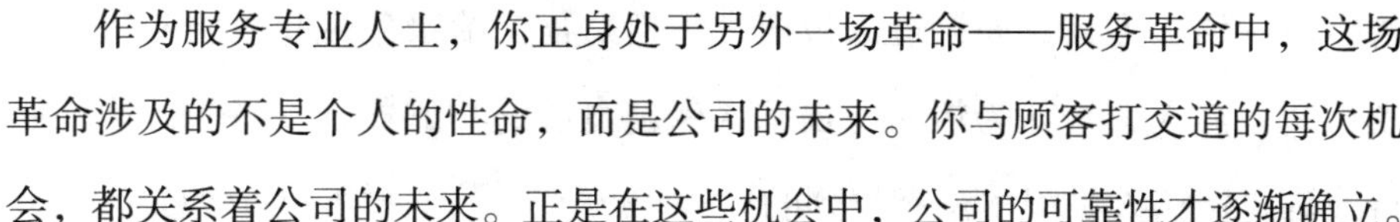

作为服务专业人士，你正身处于另外一场革命——服务革命中，这场革命涉及的不是个人的性命，而是公司的未来。你与顾客打交道的每次机会，都关系着公司的未来。正是在这些机会中，公司的可靠性才逐渐确立。

1. 服务承诺

可靠意味着履行服务承诺，也就是履行对顾客的承诺。对于顾客来说，服务承诺主要包括公司承诺、一般期待和个人承诺 3 个部分。

（1）公司承诺

就现在的状况而言，公司可以通过各种手段来为顾客做出直接承诺，如刊登在网页或营销宣传页上的广告、公司函电和服务合同、服务保修书、公开发布的政策……除此之外，顾客也会记住公司做出的间接承诺，即公司言论中隐含的承诺。当然，所有的这些承诺都是包括行业一般标准的。

例如现在的快递服务。联邦快递是一家国际隔夜快递服务公司，公司承诺向顾客提供实时邮件追踪业务。如果想要了解自己邮件的动态，只需要登录联邦快递的网上追踪系统。例如，在查邮件具体位置的时候，如果网上显示“正在卡车上，预计 15 分钟之后将送达”，顾客就会问“什么意思？你为什么不能告诉我邮件的准确位置？你们提供的是隔夜快递服务，你们应该知道我的邮件现在在哪里”这样的问题。对于这种问题，快递公司不要感到奇怪。因为联邦快递制定了一个标准，而其同行业的公司也必须沿用这种标准。

（2）一般期待

在每次服务接触中，顾客对提供服务者的期望都是非常高的。根据自己的经验，提供服务者可以设定顾客提供的服务。如果他们的要求没有得到满足，无论是出于什么原因，顾客都会认为服务承诺并没有得到履行。

例如，许多饭店都会提出类似“衣帽间内如有财物遗失，本店概不负责”

的警示标语，但是，如果进入饭店之后把财物交给服务生并由服务生放入衣帽间，客人就会认为饭店做出承诺保证自己财物的安全。当然，这种期待或许是饭店人员根本没有想到的。

（3）个人承诺

大多数顾客收到的服务承诺来自公司的服务人员。无论你给出什么样的答案，如"在两周内您应该能收到邮件""我明白您电脑发生故障的原因，下载这个软件支持系统就能解决问题"……对方都会认为你已经做出承诺，而且也会认定你会履行承诺。

其实，提供服务很重要的一方面就是了解顾客期待。通过向顾客及同事提问并真心倾听，可以掌握关于顾客对你履行服务承诺的期待的详细信息。

2. 管理承诺

服务承诺也应该被管理。在了解顾客的期待之后，需要使顾客的期待与公司提供的服务相一致。如果你能够做到这一点，顾客就会对你和公司产生信任。

假设你在一家定制家具店做销售员，简·杜威走了进来，她想买一张桌子和一个书柜，这是她第一次购买定制家具，因此她并不了解定制家具的行业标准，她以为店里会有很多存货，因此定制好家具之后随时可以把家具带回家。你面对的挑战是改变她的期待，使其与家具店的服务标准达到一致。

你带她参观店内的书桌和书柜等样品，向她宣传公司对顾客的承诺，对产品质量的重视。也许此时店内正好有定制家具制造过程演示，那么不妨趁机通过个人承诺向她强化公司的信息："我们的定制书桌把最精湛的工艺和最能满足您需求的产品特色很好地结合，保证让每位顾客满意，如果今天能把设计方案定下来，那么两周之内您就可以收到书桌了。"

现在，简已经了解了家具店的服务承诺，她可能觉得为了买到理想的书桌，就算等上两周也值得。如果她确实有急用，必须当天就买到书桌，那么你就没办法改变她的期待，但至少她已明白定制产品和预制产品的区别。此外，你的高品质服务也给她留下了深刻印象，说不定她会推荐自己的朋友或同事来你的店中购物。

3. 修复未被履行的承诺

有时候，怀着良好的初衷，我们做出了某些承诺，却无法履行。虽然我们想尽一切办法避免错误的发生，然而总是会有各种各样的问题出现，不是每件可能影响顾客消费体验的事情都在我们的掌控之中。那么当服务承诺未被履行时，我们该怎么做呢？首先是道歉，在顾客与你联系之前，主动出击，先与顾客取得联系，不要把时间浪费在推卸责任上，向顾客坦诚说明问题发生的原因。然后调查该问题是否引起其他问题，并立刻找出弥补的办法，“亡羊而补牢，未为迟也”。说不定可以趁机找到拯救公司可靠性的机会呢！

假如简·杜威，也就是上面例子中来店里购买书桌和书柜的顾客，期待两周之内收到产品，但是你刚刚才得知货物被耽搁了3天，要不要给简打电话说明情况呢？如果不打，那么可以想象，当书桌没有按时送达时，她一定会打电话问你，如果到那时她才得知产品被延误，她可能很不开心。然而，如果你采取主动，提前给她打电话，那么她可能更容易接受。或者，万一她有重要会议，家具必须按时送到她的办公室，那么你可以为她安排其他家具以备临时之用。救人于危难之时的你，会像做了好事的英雄一样为自己（和公司）感到自豪。

4. 一致性与可测性

可靠性很大程度上来自顾客购买体验的重复。当你的服务每次都能令顾客满意时，你做到了服务的一致性。不管顾客以什么方式与你取得联系并提出服务要求，你的服务标准应该是一致的。例如，顾客在网络上向你咨询时，你的回复质量为顾客制定了期待标准。当她打电话想要退货或咨询是否能在实体店购买到同一产品时，你的回应质量必须不能低于之前在网络接触中的标准。如果新一次的电话沟通符合甚至超出她的期待标准，那么她会相信你的公司会自始至终地提供高质量服务。而且，她会根据这一次的接触对以后接触中你的服务标准进行预测，这里就有一个“可测性”的成分。如果在服务接触中，顾客的感觉很糟糕，那么她对你和公司的一致性、可测性及可靠性的评价一定会很低。

人性化服务要素之二：放心

“前后一致的优质服务包括两个同等重要的要素：关爱与胜任力。”

——切普·贝尔、罗恩·泽姆克

在众多公司盛行的“微笑培训”反映了公司改善服务质量的强烈愿望，但是，难道仅仅是一句温馨的招呼和一张开心的面容就能满足顾客的需求和期待吗？客户服务专业人员非常清楚，能让顾客满意的要素，远不止微笑的脸。

如果表现友好和亲切的笑容是全部答案，那么优质服务未免太简单了，显然这不是事实。不要太幼稚，诚然，谦逊、礼貌和文明的举止非常重要，如果把顾客当成尘土和草芥而不屑一顾，顾客会让你很难堪，但是谦逊有礼并不等于能力和技巧。

在电话沟通时，一位服务人员表现得非常友好和亲切，却未能修复顾客的网络连接问题或杀掉应用软件感染的病毒；家居装饰店中的一名员工非常热情地陪着顾客参观产品，却不知该如何帮别人挑选合适的水管材料。当然这两位服务人员的服务态度都可以获得高分，但专业知识的欠缺，使得他们在服务接触中不能达到令顾客满意的程度。

当提供令人惊叹的服务之时，你通过自己的言行举止向顾客做出保证，让他们相信你是一位受过良好培训、技术熟练的服务专业人员，他们信赖你，因为在工作中你充分表现出能力与自信。

现在，顾客希望得到放心的服务，希望舒适地接受服务，要做到这一点需要的不仅是掌握若干简单的交际技巧，真正能让顾客流连忘返的东西是形式与内容的结合体。

1. 劣质服务赶走顾客

不适当的服务将严重影响公司的前程。一项关于零售业的研究报告说，顾客离开实体店铺转向网络购物的首要原因是“销售人员对他们产品的了解还不如我多”。另外一项对汽车行业的研究显示，2/3 的购车者不会在同一家汽车经销店重复购车，其中的原因与汽车本身的质量无关，而更在于汽车销售大厅销售人员所要的花招及车辆维修时受到的冷遇。有了互联网，人们可以获取大量可比性资料，因此越来越多的顾客在购车前就已经掌握了一定的产品信息。新泽西州 Morris Plains 市的辉瑞客户服务部门副总裁切普·霍尔纳说：“顾客进行的产品研究要比以往多得多，他们到网络上研究各种资料，只把最棘手的问题留给电话或网络客户服务人员。有时，顾客提出的问题难度非常大，我们必须做好充分准备，注重各种细节，才能解答好顾客的问题。"

正因为如此，令人惊叹的服务对公司、顾客及客户服务人员的职业生涯均有积极的影响。优秀的服务人员将脱颖而出，而提供优质服务的人也必将前途无量。所以，作为服务专业人士的你有必要把内容（服务内容）与形式（服务方式）相结合，取得顾客的信任，让他们感到放心，并对你念念不忘。

2. 让顾客放心的因素

让顾客放心的要素涉及管理顾客的信任感。顾客之所以信任你，是因为你诚实可靠的品质、丰富的专业知识与技能。支持服务形式的东西是服务内容，而服务内容包括以下 4 点：

（1）产品知识

顾客期待服务人员了解产品的性能特色、优缺点等，不管你的公司是产品生产商还是经销商。拿着产品说明书照本宣科的销售人员不可能给顾客留下胜任的印象。此外，还有必要了解自己的产品与同类产品相比的优势，对整个行业的知识了解或许能让你脱颖而出。

（2）公司知识

顾客期待服务人员拥有丰富的公司知识，了解自己的公司。只有充分了解自己的公司，当你自己的岗位职责无法满足顾客的需求时，才可以帮忙寻找到合适的人员。

（3）倾听的技能

顾客对你的期待包括：倾听、理解顾客的特定需求并就此做出反应；提出相关问题，引导顾客提供必要信息；第一次就能听清楚顾客的谈话内容，避免重复解释；如果无法满足某个需求，对顾客坦白相告。

（4）解决问题的技能

在向你说明问题时，顾客希望你能快速捕捉到他们的需求并迅速与公司提供的服务联系到一起。如果出现问题，他们期待你有能力快速解决问题。

3. 服务人员的个人风格

到医院进行年度体检时遇到了行为粗鲁或心不在焉的医生，虽然体检结果一切正常，但对于体检的人来说，绝对不会是什么开心的经历，这和医生的专业技术无关。一旦你拥有了胜任力，那么真正让你脱颖而出的是自信的个人风格。第一印象很重要，在经典著作《交流：最初4分钟》（*Contact The First Four Minutes*）中，莱昂纳德和娜塔莉·祖宁提出："在任何交流中，最初的4分钟类似于演员的试镜。"在某些客户服务场合，你的时间甚至不到4分钟，许多交易是在20~60秒内完成的。

但是第一印象仅仅是开始，对于服务业，你言行举止的每个细节都在传达你的服务风格，如着装风格、走路与说话的样子、发送的问候邮件风格、倾听及倾听方式，以及是一直待在桌子或收银台后面与顾客沟通还是会到前面，与顾客是否有眼神交流及眼神交流的方式，是否回复顾客要求及回复方式。此外，还包括在已结束服务但仍在顾客视线范围之内时你的言行举止，你对于排在队伍前面的顾客的服务态度等。

自信、博学、彬彬有礼、行动敏捷的服务人员，关爱、体贴的服务，有哪位顾客会不喜欢呢？"在做出承诺之前，我总想把情况了解清楚。后来我逐渐意识到顾客真正需要的是我在把问题搞清楚之前就向他们做出承诺，这样他们才感到放心。"一个半导体制造公司客户服务代表如是说。希望大家都能做得更好。

人性化服务要素之三：同理心

“每位顾客是不同的，顾客也是人。”

——斯坦利·马科斯

每位顾客都是一个个体，拥有独特的需求、愿望、期待、态度与情感。在接受服务时，每个人都希望自己的个性得到尊重，没人希望自己只被服务人员当成一个代号，因此识别个体顾客的情感状态，有助于你迅速找到针对性的服务方法，为个体顾客打造个性化的服务。

如果你是一家豪华酒店的宴会经理，那么你该如何应对下面这两位顾客呢？

汤姆·切诺走进宴会办公室，他看起来有些紧张和不安。他正在计划为共事10年的老板举办一次特别的退休舞会，很显然，之前他从来没有组织过这样的活动。

多丽丝是组织特别活动的资深老手，今年将是她第四次组织销售部的年度庆祝会。走进宴会办公室之时，多丽丝已经很清楚自己来到这里的目的。你甚至可以清楚地看到她脸上写着：“你们只需要站在后面听我指挥就好。”

你怎么对待汤姆和多丽丝这两位顾客呢？对于汤姆来说，必须让他觉得舒服，让他对项目企划流程感到满意，并因为有你的支持而感到放心。

“汤姆，我会一直和你一起来完成这件事。你可以多给我讲讲具体的情况，然后我会陪你一起逐步完成项目企划流程。”

但是如果你和多丽丝也这么说，可能会让她震怒。你好心好意向她耐心解释，她却认为是在浪费时间，因为她和汤姆不同，如果你对她在之前接触中表现出来的智慧表示欣赏和钦佩，那才正合她意。

“你好，多丽丝。很高兴有机会再次和你合作。我注意到你已经购买了一切必需的物品，你总是让我的工作变得非常轻松，现在让我迅速查看一下是否有什么问题。”

只有尊重顾客的个性，才能更好地满足每位顾客的个体需求。

1. 同理心和同情心

无论顾客表现出来的是小心翼翼还是自信满满，你必须了解他们想要传达的信息和对服务的感受，因为这才是他们关心的重点。但是如果你让情感成为主宰力量，那么可能失去自我掌控力，让局面陷入顾客的情感世界中，尤其是在出现问题时。

在处理顾客情感时，有必要对同理心和同情心进行区分。这两个词都涉及如何处理他人的情感，许多人并不知道它们的区别，但其实很有必要搞清楚它们的区别。

同情心指承认乃至感受另外一个人的情感。一个富有同情心的例子是：“我真的也很不喜欢摆在中间的那些装饰品。”

同理心指承认并认可另外一个人的情感状态。下面这样的回答就隐含着这种情感：“我能注意到你真的很不喜欢摆在中间的那些装饰品。”

2. 展现同理心的重要性

如果在与顾客沟通时同情心泛滥，你会变得和顾客一样紧张，仿佛把自己推进一个情感的“过山车”，一趟下来，筋疲力尽。处理顾客情感问题的关键是能感同身受，同时又能保持自己的情感独立。相比之下，在回应顾客时表现出同理心而不是同情心，将有助于你保持镇定自若，展现最佳状态的你：整装待发，时刻准备着满足顾客需求或解答他们的问题。

其实，对顾客表现同理心的过程，也是展现专业知识和人情味的过程，在这个过程中，顾客将逐渐认识到自己的价值和重要性。只有在人与人之间的交流中，才会有同理心的存在，它是无法用机器代替的。人情味对令人惊叹的服务的重要性无可替代，是成就高质量服务的关键，也是服务工作的真正回报所在。

使用同理心需要一定的技巧，有些人天生就拥有这些技巧，而有些人需要后天学习才能掌握它。就像所有的技能一样，熟能生巧。先在一个比较安全的环境中练习使用同理心的技巧，可以在家练习或和同事练习，然后再到顾客当中实践。

3. 同理心语言

参考下面列出的步骤，雕琢出属于自己的同理心语言，记住，关键是真实与诚恳，你的关爱和体贴将会融入顾客心中。

（1）导入

我听说……

我注意到……

对我来说很清楚……

（2）承认对方的存在

你……

我听说你……

（3）描述感觉

生气、沮丧、焦虑、失望、紧张、困惑、奇怪……

（4）描述处境

因为……（信息内容）

下面是部分同理心语言的实例：

“从您的声音中可以听出，我们未能及时接听您的电话让您觉得很沮丧。”

“您的绝望我听得出来，您可能会觉得没人能帮您解决问题。”

“我注意到，我们公司退货政策的变化让您感到意外。”

顾客会很在意体贴周到、知识丰富的服务人员表现出来的人情味。从情感上与顾客建立联系，顾客会非常赏识你的工作并且永远记住你。

为顾客持续提供优质的服务

销售只是给“恋爱”画上了圆满的句号，但这只是标志着“婚姻”刚刚开始。究竟“婚姻”是否幸福，很大程度上取决于销售者如何经营关系。关于“婚姻”的未来，其质量在很大程度上起着决定性的作用。

哈佛商学院的西奥多·莱文特认为，持续提供优质服务与建立长期的合作关系是一件事情。这足以说明了持续提供优质服务的重要性。其主要表现在，当把客户当作个体来看的时候，一定要充分尊重和关注他们。如果企业只求销售，而不考虑客户购买后的需求，这样就会给客户造成一个既定印象，即他们对于企业而言并不是一个有价值的个体。所以，长久合作关系是难以建立的。

世界上最伟大的推销员——乔·吉拉德，就是一个很注重客户维护的人，他曾经说过：“我成功的秘诀在于我认为真正的推销工作开始于商品推销出去以后，买主还没走出我们商店的大门，我的儿子已经把一封感谢信写好了，我每个月都要发出1.6万张明信片给我的客户，并且，无论他是不是买我的车，只要我和他有过接触，我都会让人们知道乔·吉拉德记得他们。我的这些卡片与垃圾邮件不同，它们充满爱。而我自己每天都在发出爱的信息！"正是靠着这种持续提供优质服务的精神，乔·吉拉德才有了那么多为世人所瞩目的销售业绩。

下面和大家分享一个故事，帮助各位读者朋友理解持续服务的重要性。

在20世纪中叶，德国有这样一位年轻人，他上过技工学校，做过钳工，对机械有着非常浓厚的兴趣，并刻苦钻研。

他不仅有着超人的研发能力，还有超强的想象力，在以内燃机为主的时候，就设想制造出以汽油为动力的机动车，而且积极地将自己的想法付诸行动，夜以继日、锲而不舍地研究，终于成功研制出以汽油为动力的机动车，并获得了此项成果的专利权。

1926年，他的机械厂与另一位汽车工程师戈特利布·戴姆勒的工厂合并，成立了"戴姆勒—奔驰汽车有限公司"，简称为"奔驰公司"，主要生产奔驰汽车。

他就是奔驰汽车的创始人卡尔·本茨。他不但要让奔驰汽车尽善尽美，同时还发誓要奔驰的服务尽善尽美，立志要使奔驰永远立于不败之地。他不仅在汽车方面不断改进，在科研创新方面花费大量本钱，同时还在销售方面采取新举措，通过这些努力，终于使奔驰公司越办越红火，战胜强劲对手，跻身于世界优秀汽车企业行列。

卡尔·本茨为什么会取得如此大的成功呢？他总结成功经验时，提出了"绝无仅有的三服务"手段：

- 包你满意的产前服务。
- 时时为客户的全面售后服务。

• 让产品永远处于领先地位的创新服务。

正是凭着这“三服务”，奔驰公司得以快速发展，取得了巨大的收益。

既然持续提供优质服务如此重要，那么我们应该怎样持续提供优质服务，确保客户满意呢？多数销售都不是在一次交谈后顾客就产生购买意愿的，所以说，如果你向顾客介绍完产品后，顾客微笑着对你说：“太好了，我正需要这样的产品，请问多少钱？我立刻购买它！”可以说，遇到这样的情况是你的幸运，但其概率是很小的。

大部分顾客产生购买的意愿，都是多次交流后才产生的。所以我们要发挥跟踪服务的优势，同时，要想稳住客户，使对方成为长期客户，不断地重复购买，跟踪服务更是不可忽略的。

美国专业营销人员协会和国家销售执行协会的调查显示：

• 2%的销售是在第一次接洽后完成的；
• 3%的销售是在第二次跟踪后完成的；
• 5%的销售是在第三次跟踪后完成的；
• 10%的销售是在第四次跟踪后完成的；
• 80%的销售是在第四次至第十一次跟踪后完成的。

所以，要做一个成功的销售人员或客服人员，必须学会持续提供优质的服务。

当客户购买和消费之后，不要把它当作是服务的结束，而是要将它看成是服务的开始。在顾客购买产品后，只要我们稍微做一点事情，便能够让客户感到他们在我们心目之中的位置的重要。做什么事情呢？方法有很多也很简单：在客户产生消费和购买欲望的时候，了解他们自身的一些情况，记住一些特殊的具有纪念意义的日子，如对方的生日，之后，在节假日或客户生日的时候，一定要送上自己的问候和祝福；平时发送一条短信或抽空给他们打一两个电话联络一下，比如提醒客户特别重要节日的来临、给客户写感谢函、帮助客户提升和进步……

持续地提供服务，不仅让客户对你印象深刻，还会带给你意外收获，让你慢慢积累大批的客户资源。同时要提醒各位朋友的是，在持续不断地提供服务的时候，不要盲目地去做，要使用正确的策略：注意时间的间隔不要太长也不要太短，间隔太短、过于频繁会使顾客厌烦，间隔太长会使顾客淡忘；每次服务时都要调整自己的心态，试着帮助客户解决他所关注的问题，了解客户最近在想什么；每次拜访前要找一个合适的理由，不要只想着成交，这样才能使工作顺利展开，同时也可以不断促成业绩的提高。

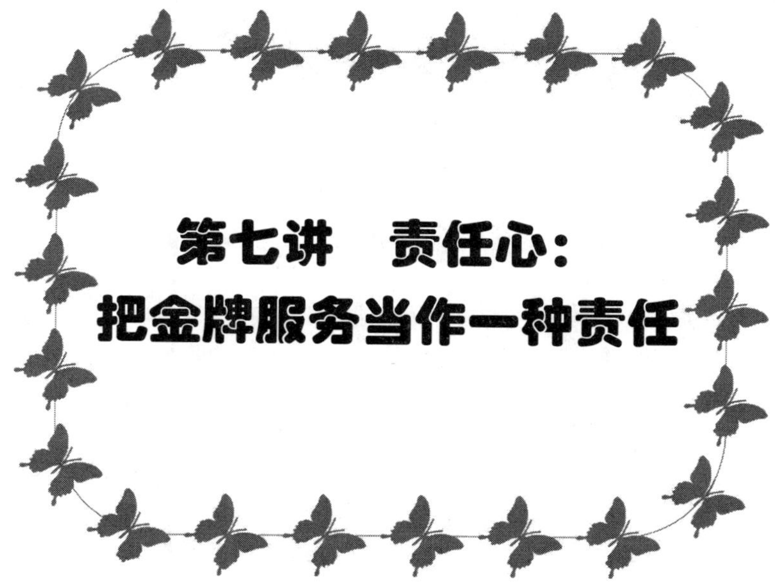

第七讲　责任心：把金牌服务当作一种责任

星巴克：随时随地服务客户

星巴克作为咖啡连锁的巨头经历了神话般的发展，在短短40年之内，它从最初的一家咖啡小店，发展到1.7万余家店面遍及全球50多个国家，并被公认为"咖啡帝国"，这段发展历程足以用"神话"二字来加以形容。在消费者的眼中，星巴克绝不仅仅是一家洋溢着浓郁咖啡之香的咖啡厅，而且还是一种时尚、一种文化的象征符号。

无形性（intangibility）、不可分离性（inseparability）、可变性（variability）和易消失性（perishability）是服务所具备的4个基本特征。企业管理者想要更好地服务于客户则必须根据其每一种特性制定相应的策略，比如说企业可以采取有形化和技巧化策略来应对服务的无形性，采取关系化策略来应对服务的不可分离性，采取标准化策略来应对服务的可变性等。星巴克作为咖啡界的领头人就非常重视这些服务策略的运用，并将其充分运用于自己的"体验营销"之中，正因为如此，它才能够将店面开遍四大洲。

星巴克有别于其他的咖啡厅，它不仅仅销售咖啡，还营销一种文化和理念，它提出了"第三空间"生活观。美大星巴克一直与媒体保持着积极的联系，它不会轻易放过任何一次咖啡讲座的机会，也格外重视相关的市场活动宣传和咖啡文化的传承。在业务上，星巴克更是提出了咖啡行业的最高标准，顾客服务、产品质量、店面设计和外在环境氛围等都力求做到最好。客户来到这里总能够感受到前所未有的美感，这就是“星巴克体验”。星巴克一直在探索能够将无形服务与有形技巧相结合的策略，它希望能够用一些物质作为载体将无形的服务转化为有形的特质，这样客户的体验也能够变得更加立体客观。

在处理与客户的关系时，星巴克充分认识到了服务所具有的不可分离性特点，正因为它是不可被分离的，所以在服务的过程中需要有客户的积极配合，良好的服务是建立在客户与企业双方互助的基础之上的，“双赢”一词也来源于此。星巴克的企业理念中明确包含着“以顾客为本”和“认真对待每一位顾客，一次只烹调顾客那一杯咖啡”等，这样的理念为星巴克迎来了飞速崛起的机会。

正是因为认识到服务过程的主体是客户，所以星巴克格外注重客户的感受。每次推出一款新的咖啡，它都会将客户的反馈及时记录下来。任何客户前往星巴克时，都会额外地获得星巴克推出的新咖啡，服务人员会详细询问客户对新产品的感受。另外，星巴克非常重视销售中的二次法则，也就是某位客户在该店中第二次要了同样种类的咖啡，则它会认为你对该款产品表示认同。那么，为什么客户会格外喜欢这种咖啡呢？这也是服务人员需要调查的事项之一，所以，他们会请客户填写调查问卷。这种互动方式能够让星巴克和客户维持一种良好融洽的关系，从而营造出产品的口碑效应。

服务质量的高低与很多因素有关，比如服务人员、服务时间、服务地点等。这说明，服务本身具有一定的可变性。服务的主题和对象都是人，所以服务人员自身素质会对服务产生较大的影响，为了保证服务的质量，星巴克采取了 3 种措施：

其一，招收高素质的服务人员，并进行严厉的培训；

其二，将服务过程向制度化和标准化方向引导；

其三，建立健全客户投诉系统，及时对客户的满意度进行追踪。

星巴克在对服务人员进行培训时，会涉及对公司适应性的介绍、店内工作技能、顾客服务技巧等。除此之外，员工还需要经历一个广泛管理层培训计划，在这个过程中会引领员工着重训练领导技能，以及客户的职业服务观。这样的培训能够让星巴克员工具备统一的企业文化理念和价值观，这也是星巴克员工流失率小于同行业水平的原因。

服务永远是与产品的质量互生互存的，星巴克在产品质量上也有着严格的标准。这种标准化体现在：无论是原料、运输、烘培、配制、配料的掺加还是水的滤除，以及将咖啡呈现给客户的那一瞬间，所有的一切都必须严格按照既定标准行事，保证行动的精确性。这样的标准化行动让星巴克咖啡保持了高端的市场地位，也让它能够更好地满足于客户。

服务的人性化策略可以说是星巴克服务的一大亮点。以美大星巴克分公司为例，所有员工都在致力于打造一种晚上的工作环境和彼此尊重、相互信任的工作氛围。这一切都体现了强烈的人性化特色。

星巴克公司每年都会对同行业间的员工进行一番薪资调查，与市场员工的工资水平进行比较后会实行调薪政策。对每周工作超过 20 小时的员工提供特别的辅助方案。

1. 服务与营销之间有着致密关系

星巴克服务的人性化表现方式就是它极力打造的“第三空间”。当今社会的人们生活在一种极快的节奏下，而生活空间则比较单一，最常去的两大场所就是家和办公室。在家中休息，在办公室中工作。巨大的生活压力、单调的生活方式让人们时刻处在一种封闭的环境中，人们迫不及待地想要呼吸一下其他地方的新鲜空气，也就是常说的“第三空间”。而星巴克正是抓住了人们的这一渴望，将“第三空间”的服务理念打造了出来。

所谓的星巴克"第三空间"就是集产品、服务以及与顾客进行情感交流为一体，在店面设计上更是有别于传统的餐饮业店面，它将每一间店铺赋予了独特的设计，风格迥异。每一个店铺选好具体地址后，专业的设计师会根据当地的环境特点为新店铺进行独特布局设计。每一个细节上都营造出一种自然和人相和谐的氛围，无论是颜色风格、形状特色还是物品摆放都尽显温馨和独到。除此之外，咖啡的口味也是多种多样，客户们可以根据自己的喜好来挑选不同种类的咖啡。这一切都体现出星巴克的人性化色彩，它之所以能够在咖啡界处于名列前茅的地位，原因正是如此。

星巴克的内部营销更是有着不错的效果，那么，所谓的内部营销究竟是什么呢？志愿聘用、培训、指导、激励和评价以及使员工保持正确思想和服务意识等这些都是内部营销的内容。其实质是一种管理策略，主要研究如何培养员工的服务意识，保证其具备正确的服务技能，在与客户融洽相处中完成工作任务。另外，企业还需要想办法保留住高素质的员工，让他们为企业效力。总体来说，内部营销做得越好，员工的流失率则越低，其服务意识则越强。

社会节奏的加快让人们对第三空间的需求有所增加，他们需要以此来调整自己的身心。星巴克抓住了这样的商业契机，并使之形成一种星巴克格调，一种典型性的第三空间。

星巴克不但力求在产品质量上达到客户的满意，而且特别注重与客户的情感交流，它将这种情感融入到对客户的服务之上。所以，客户走进星巴克之后不但能够品尝到咖啡的美味，而且能够从中品尝到服务人员的情感。

尝的方面如此，看的方面亦是。客户进入星巴克之后在视觉上能够获得全新的美感，每一间店面的设计都不尽相同，而是与店铺所在地的具体客观环境相结合而进行设计。在星巴克咖啡店的内部，环境整洁，布局别致，柔和的灯光环绕着整个店面，柔软宽大的沙发与光滑的木质桌椅摆放其中，吧台则是由磨光的大理石制作而成，咖啡制作器具精美绝伦，甚至连盛放礼品的杯子、杯垫都构思得匠心独运。此外，吊灯、墙壁和桌子的色彩都和咖啡的色调相一致，给人一种自然和谐的感受。

在听的方面，客户可以随意地坐在某张椅子上，静静放松身心，聆听慵懒的爵士乐，音乐弥漫在咖啡的香气中，整个室内都呈现出独特的星巴克格调，营造出一种“余音绕梁，三日不绝”之感。

在品的方面，客户可以根据自己的喜好来挑选不同口味的咖啡。星巴克为了满足不同客户的需求研制出不同品种的咖啡，如拿铁咖啡、卡布奇诺和焦糖玛奇朵等，浓香的诱惑让客户流连忘返。

这些服务让星巴克成为繁忙都市人的一片宁静之土，让忙于奔波的现代人获得了暂时放松身心的机会，让他们能够沉浸在这片时尚雅致而极富有亲切感的星巴克环境下，让一天的疲惫得到冲洗，让惨淡的感情变得丰腴。正是因为星巴克的第三空间满足了客户的消费需求，所以才使得它的消费额保持在一个很高的层级之上。这种第三空间与“以客户为中心”的企业服务理念相得益彰，使其形成一种良性的营销模式：服务周到，客户满意，客户忠诚度提高，选择二次消费或多次消费，星巴克格调因此形成，并且收益颇丰。

2. 让服务向更广阔的空间延伸

星巴克的服务一直被人称道，如今，星巴克在保证咖啡畅销的同时又在多种领域展开了服务延伸。让星巴克成为跨界尝试的新典范的标志是全美分店内的免费 WiFi 和数字网络服务。星巴克的业绩在 2010 年再创新高，并且被《福布斯》杂志评为当年最理解消费者的企业之一。

数字网络是可以像咖啡一样冲泡的。在我们所生活的这个网络时代中，利用网络进行邮件收发、在网络上浏览新闻、观看娱乐视频、发表微博或是体验网上购物都已经成为人们平常生活中不可缺少的部分。一系列与网络相关联的物品更是层出不穷，诸如笔记本电脑、iPad、3G网络、智能手机、无线WiFi等。在网络快速发展的大背景下，星巴克也开始将服务的足迹蔓延到网络中来，它将店内的实体服务与虚拟的互联网数字服务相结合，如此一来，客户能够在享受美味咖啡的同时也体验到数字网络的乐趣。

在免费上网的基础上提升服务附加值。星巴克牵手AT & T公司，决定在将"一键免费登录"的无线网络服务使用到全美6800家分店店内。"一键免费登录"并不是指为客户提供免费上网的信号，而是在此基础上提升免费WiFi服务附加值，也就是说，客户只要在星巴克店内就能够免费登录一些需要付费的网站，比如说华尔街日报浏览新闻是需要收费的，但是在星巴克店中却能够免费登录。此外还可登录苹果应用商店免费下载5首歌曲（每周）或是免费观看最新影视预告片等。为了给客户提供更为全面的网络服务，到目前为止，星巴克已经与30多家网站建立了合作关系。由此可见，星巴克确实将"第三空间"的服务理念在付诸实践，如此一来，能够让消费者获得更优质的服务。值得一提的是，星巴克的服务质量远远不止这些，它还在向更远的领域延伸。正如其总裁舒尔茨所言，一切看似完美的服务都仅仅是一个开端而已。

服务没有边界，利用树立网络让服务向更远的地方延伸。通常来说，人们想到星巴克往往会联想到：享受最美味的咖啡，感受最温暖的服务。这样的评价对一个咖啡店来说已经是最好的评价了，但是星巴克却远远不会满足于此。它时刻都在思索为客户提供更加优质服务的策略，在原来的基础之上又进行一系列的创新，如2010年10月20日推出的"星巴克数字网络"服务。该网络服务建立在Yahoo平台之上，包含了新闻、健康、娱乐、地区新闻动态、商业与职场，以及星巴克市场活动6个频道，消费者在这里能够享受到免费的在线服务，包括下载音乐、阅读文章、浏览当地新闻和收看视频等。为了将最全面的服务提供给消费者，星巴克特地设立了一个专门负责网络内容编辑的团队，及时为客户们提供最新资讯。

“星巴克数字网络”的建立与其说是为了获得客户二次光临的机会，不如说是用对消费者负责的态度在搭建“第三空间”的平台。我们不妨将星巴克从前的服务与如今的服务进行对比，从中不难发现它在新的服务策略上所下的工夫：从前客户在星巴克店中想要看书报需要全款购买或是自行携带，如今星巴克提供了免费的网络服务，消费者们就可以带着笔记本电脑或是智能手机在此上网查询资料。最主要的是，这里所提供的那种舒适的环境和无与伦比的咖啡之香会让客户陶醉其中，这些都是星巴克提升服务附加值的具体表现。当然，这样的服务也获得了消费者的回报——忠诚。

星巴克新老顾客对其所推行的数字网络服务给予了极高的评价，到2010年年底，星巴克数字网络的月访问量成功突破3000万次，甚至可以说星巴克的数字网络与独立的媒体别无二致。

在我国，很多快餐连锁店和咖啡店也已经开始涉足免费的WiFi服务，有的店中为了满足消费者，甚至连客户在店中停留的时间也不加限制，导致一些人进入店中购买一杯咖啡就足以坐上几个小时。实际上，国内服务行业并没有必要对星巴克的服务模式照搬下来。

既然不能完全复制星巴克的成功，那么我们需要从哪些方面来学习它呢？实际上，企业需要学习星巴克的内在服务精神，研究其对核心竞争力的把握力度，以及对服务营销的深度理解力。以下对这些方面做详细分析：

其一，学习星巴克的核心竞争力。

市场中虽然经常谈及“核心竞争力”一词，但是究竟何为核心竞争力却是众说纷纭。实际上，核心竞争力应该是企业获得利润来源、战胜竞争对手的独特能力资源，它能够引领企业迈向成功。一些知名企业之所以能够从众多竞争对手中脱颖而出，其必然具备了一些独特的能力，或是在管理模式上，或是在先进技术上，或是在品牌形象上和创新能力上等，只有表现出高于竞争对手的能力才能为企业在市场中打造出一片天地。

与其说星巴克的核心竞争力是“顾客体验”的服务模式，不如说它是因不断地开拓精神和创新能力而获胜。正如星巴克总裁舒尔茨所说：“对我来说最重要的一点就是创新、创业，而且要勇于突破条条框框，突破传统的原则和规律，只有具有创新的创业者才更有可能成功。”“星巴克数字网络”恰是其深入洞悉消费者需求后的创新之举，其优势是创造力、创新型、冒险精神和梦想，这种在服务中的创新意识恰是我国服务企业需要认真学习的。

其二，学习星巴克深度服务营销理念。

始终关注顾客的需求变化是星巴克服务营销的核心所在。要想做到深度服务营销，企业必须对消费者的潜在需求倍加关注，从而建立一种企业同客户之间进行深入了解沟通的长效机制，以此作为关心客户的平台，争取与客户建立长久的、和谐的合作伙伴关系。

星巴克对消费者的深入洞察是其深度服务营销的首要表现。在对客户进行深入观察中不但对客户的显性需求有所了解（比如，客户对咖啡口味的偏爱等），而且还能够更进一步发掘客户的隐性需求。对客户隐性需求的发掘体现在对“第三空间”的营造上。在这个环节中，星巴克一方面将有形的产品销售给客户，另一方面更将其无形的产品“数字网络”奉献给了客户。

服务发自内心

在《现代汉语词典》中，服务的解释是：“服”，担任（职务）；承担（义务或刑法）；承认；服从；使信服。“务”，事情、事务；从事、致力。具体来说，服务就是为集体或者某种事业而工作。

根据此种解释，我们可以对服务这样定义，即“服务就是为他人利益或为某种事业而工作，以满足他人需求的价值双赢的活动”。

服务是一种人与人之间的沟通与互动，这种沟通存在于所有行业中。从这方面来说，所有的行业都是服务行业。

在沟通和互动过程中，需要人付出真心。因此，好的服务是从心开始的。如果无心，即使再冠冕堂皇的理论也无法阻挡顾客心中的那种不适感。在生活中，很多从事服务行业的人并不真心服务，对于工作中的事情总是充满了抱怨。

有时候，在做服务的时候，人们总是将思维停留在“为什么”上，而不是集中在“去做些什么”“还能做什么”“怎样做客人才能够满意”上。我们可以想象一下，如果被箭射伤的人没有得到关心和医治，总是考虑“为什么会这样不走运？到底是谁射的箭？”这对于伤口是于事无补的。此时，他最需要做的就是拔出箭，马上接受治疗。

1. 乐于为别人服务，并给他们带来欢乐

事实上，在为客人提供服务的时候需要你是自愿的，而且还感觉到非

常快乐。客人的笑容就是你服务的原动力。爱是相互的，如果你能给客人很多爱，那么客人反过来也会给你很多爱。反之，如果你不喜欢客人，则客人也不会给你带来什么快乐。因此，在进行服务的过程中一定要摆正自己的心态，为客人提供好的服务，进而使自己的工作进行得较为顺利。

纽约某饭店的一个年轻人叫波尔特。在一个非常寒冷的冬季夜晚，他正好值班。在巡视完饭店所有其他地方之后，他来到了大堂，他正好看到有一对老夫妇与前台的员工进行交谈，随后，这对老夫妇就拖着疲惫的身子向饭店大门走去。当看到这种情形的时候，波尔特想到了自己的老母亲，所以觉得自己应当做点什么。在饭店客房已经全满的情况下，他安排员工在他的办公室支上了床，生了炭火，一间温暖、舒适的临时客房诞生了，让这对夫妇感动不已。关于波尔特的这种做法是否正确，我们不来谈论，但是他的这种精神值得学习。

第二年，该城市有了一座豪华饭店，而饭店的主人就是波尔特曾经帮助的这位老人。在饭店的开业典礼上，老人讲述了自己与波尔特的渊源，然后宣布这家饭店的管理者是波尔特。当然，老人的这个决定是对一年前波尔特对他们夫妇俩人关爱的感谢。他们相信，把饭店交给这样一个年轻人去经营，一定能够让全世界的人感受到这份温暖，同时也能成为世界上最好的饭店。当然，老人的这个愿望也如期实现，波尔特不仅把饭店经营成了世界上最有名的饭店，而且这位年轻人的爱和美在人们的心中时刻传递着。

其实世间不乏这样的故事：

在美国费城，一个阴云密布的午后，暴雨突降，行人们纷纷找地方躲雨。

全身已经被淋湿的一位老妇人，走进了费城百货商店，因为她穿着较为朴素，而且被雨淋过之后，显得非常狼狈，根本无法引起周围人的注意。

只有一位年轻人走上前去，问她："夫人，我能为您做点什么？"妇人微笑着说："不必了，等雨停了，我马上就走。"但是雨根本没有要停的意思，老妇人显得越来越不安，她觉得在别人的屋子里躲雨，如果不买东西的话有点不近人情。所以，就开始在商店中转悠，但是没有看到适合自己的东西，所以感到茫然。年轻人见状走了过来，说："夫人，您不必为难，我给您搬来了一把椅子，您坐着休息一会儿吧。"但是，老妇人在要过名片和道谢之后就匆匆离开了。

几个月后，费城百货公司的总经理收到了一封信，信中要求将这位年轻人派往苏格兰收取装潢一整座城堡的订单。当然，这封信给这家商店所带来的利润是相当大的。原来，这封信就是老妇人写的。她就是美国"钢铁大王"卡内基的母亲，而这位年轻人名叫菲利。在几年之后，正是凭着这股真诚和踏实劲儿，逐渐成为卡内基的左膀右臂，在事业上取得了巨大成功。

事实上，日常生活中不乏奇迹的出现。在很多时候，你的举手之劳或者是简单的问候，都可能为你带来意想不到的成功。所以，服务无小事。

2. 服务的黄金法则

服务的黄金法则就是：想要别人怎样对待你，你就怎样去对待别人。

美国著名作家、学者爱默生在文章《报酬》中写道："每一个人会因他的付出而获得相对的报酬。""在生活当中，每一件事情，都存在着相等与相对的力量。"其基本的意思是，无论一个人在生活中付出多少，他所得到的报酬一定是与付出对等的。今天所得到的收入就是过去努力的结果。如果要求老板给加工资，你需要做的就是增加贡献价值。

一个人的心态、快乐与满足感，事业与人生的丰收，都是付出心态的结果。其实，在给他人提供服务的过程中，人们可以感受幸福、喜悦，甚至会产生满足感。当你感觉自己为他人做了一些非常有价值的事情的时候，你就会感觉自己已经收获了快乐，甚至还能得到非常多的回报。

在报酬法则之外，还有另外一种超额报酬法则，即"只要你在提供服务上多下工夫，你的回报一定会增加。如果不断地付出多于您所应当付出的，你就一定会获得倍增的补偿。"

在生活中，如果你想要得到什么，一定要先付出什么，只有不断耕耘，才会得到自己想要的东西。否则，因为没有做成任何事情，所以就没有任何收获。

服务者永远要记住这句话："任何一份私下的努力，都会有双倍的回收，并在公众场合被表现出来！"

综上所述，服务的黄金法则就是"种瓜得瓜、种豆得豆"。在我们付出和为他人提供服务的同时，我们也赢得了未来。

在一个非常寒冷的夜晚，一个老妇人的汽车在路上抛锚了。她等了很长时间之后，终于看到一辆车从这里路过，于是招手问那位开车的男子是否能帮助她。男子看到是这种情况，于是马上下车。几分钟之后，车子修好了。老妇人问他要多少钱，他回答说，他这么做，只是为了助人为乐。然而，老妇人还是执意要给他钱，中年男子谢绝了她的好意，并建议把那些钱给比他更需要的人。最后，他们各自上路了。随后，老妇人开车到了一家咖啡馆，招待他的是一位身怀六甲的女子。女子问她，为什么这么晚了还在赶路。于是，老妇人就把刚才所遇到的事情叙述了一遍。女子听完后非常感动。老妇人问她怎么工作到这么晚，女招待说是为了迎接孩子出世而需要第二份工作的薪水。老妇人听后执意要女招待收下200美元小费。女招待认为自己不能接受，老妇人回答说：“您比我更需要它。”在女招待回家之后就把这件事情告诉了自己的丈夫。原来，那位好心的修车人就是她的丈夫。

这个故事足以说明了“种瓜得瓜，种豆得豆”存在的普遍性。在我们为他人提供服务的时候，也在播种自己的未来。相信我们现在所付出的一切，将来时间都会给我们回报。

用心服务，自己是最大的受益者，否则，自己就是最大的受害者。

那么怎样才是用心呢？首先，一定要站在客人的角度来观察和关心他们，这样就可以充分了解客人的个性和心态，从而为其提供符合他们自身需求的服务。这样做可以与客人保持心理上的“零”距离，形成亲和力。其次，对待客人一定要热情，要把每个客人当作是自己的亲人或者是朋友，从心底中形成这样一种认识，即客人的事情就是我们自己要急于处理和解决的事情。对于客人反映的任何问题，我们都应当认真对待，不仅要倾听、记录，而且还要落实。如果有些事情，顾客没有想得那么周全，我们应当帮助他了解、建议和协调。只有用心服务，客人才会真心待你，甚至跟你交朋友。在这种情况下，顾客与企业的联系会越来越密切，甚至是融为一体。

服务的心在哪里，成功就在哪里

在今天的社会中，无论你从事什么工作，都要全身心地投入，千万不要当一天和尚撞一天钟。工作松松散散的人，不论在什么领域，都不会取得真正的成功。要成功、要做出骄人的成绩，要成就事业、创造财富，就必须在工作中使出全部力量，尽最大努力把事情做好。

一个推销新手工作一段时间后，因为找不到顾客，向经理提出了辞呈。

经理问他："你为什么要辞职呢？"

他坦白答道："我找不到顾客，业绩很差，只好辞职。"

经理拉他到面对大街的窗口，指着大街问他："你看到什么了？"

推销员答道："人啊！"

"除此之外呢？"

"除了一大堆人，就只有路啊！"

经理又问："在人群中，你难道没看出有许多的潜在顾客吗？"

推销员恍然大悟，马上收回了辞呈。

服务是一个用心的工作，若给服务下一个定义，即是解决问题的过程。或许，服务人员每天被客户的投诉缠绕得不得脱身，内心的烦躁和不安有增无减，但只要用心工作，一切都能解决。

有个出租司机，凡是坐过他的车的人，都会惊叹于车里的布局。他在车内铺了羊毛地毯，地毯边上缀着鲜艳的花边，玻璃隔板上镶着名画的复制品，车窗一尘不染。

有个乘客问他："你是什么时候开始装饰这辆车的？"

他说："车不是我的，是公司的。但我从领到这辆车时就决定要将其好好打扮一下。我原来是做清洁工作的。经常看到很多出租车晚上回来时脏乱不堪，有好多烟蒂和废纸，座位或车门把手甚至还黏着口香糖之类黏糊糊的东西。当时，我就想，如果有一辆干净整洁的车，会不会让乘客多

为他人想一点呢？现在每个客人下车后，我都要仔细检查车内的卫生情况。当然，从开车到现在，乘客从没有让我失望过，他们都自觉保持着车的清洁。”

一个普通的司机，用心改变自己的车子，很好地用行动感染着身边的人。用心工作是一种责任，无论你干什么工作，都应该做到最好。用心是对自己、对工作、对公司的负责，更是对客户的尊重。你的一个手势、一个微笑、一次守时、一个爱心都代表着一种精神、一种力量、一份坚守。

一位著名的推销大师，在告别他数十年推销生涯的前夕，应同业某协会的邀请，举办一场演讲，与大家分享他的从业心得与成功史。那天，演讲会场座无虚席，人们坐在听众席上，焦急又兴奋地等待着这位当代最伟大的推销大师即将开始的演讲。

舞台上的大幕徐徐拉开，只见舞台的正中央吊着一个巨大的铁球，为了支撑这颗铁球，台上搭起了高大的铁架。在全场听众的热烈掌声中，这位著名的推销员出场了。他年近六旬，胡子花白，身上穿着一件红色的运动服，脚下是一双白色的运动鞋。上台之后，推销大师一言不发，他走到铁架边，站住，全场观众惊奇地望着他，不知道他将会做出什么举动。

两名现场工作人员出现，将一把大铁锤抬上了舞台，放在推销大师的面前。这时主持人开口了：“现在，我们要邀请两位身强力壮的观众朋友上台来。”

许多人都站了起来，不一会儿的工夫，已经有两个动作快的年轻人跑上台了。推销大师请这两位年轻人，用大铁锤敲打悬挂在半空中的铁球，目标是把铁球敲打得摆荡起来。其中一名年轻人抢着先抡起了大铁锤，拉开架式，将手中铁锤全力向吊着的铁球砸去……

"铛！"现场听到了一阵震耳的声响，但那颗铁球却是一丝不动。

一下不行，再来。年轻人又抡起了大铁锤，用力击打铁球，一下、两下、三下……年轻人连续敲击了十几二十下，铁球仍然一动不动。这是一件很耗费体力的事，年轻人很快就气喘吁吁、后继乏力了。另一名年轻人不甘示弱，接着抡起大铁锤猛力敲打铁球。只听得一阵叮当乱响，铁球依然稳如泰山。此时台下热烈的呐喊声渐渐止息，观众们似乎也看出来了，这样做是没有效果的。

大家等待着推销大师的解释或说明。待会场恢复平静，推销大师从上衣口袋里掏出一把小锤，面对那颗巨大的铁球，他以无比认真的神情，用那把小锤"咚"敲了铁球一下，停顿一下，然后又"咚"敲了一下。

台下所有观众都以疑惑又惊奇的目光，看着台上的推销大师就这样不停地重复如此动作："咚"敲一下，停顿，"咚"再敲。

10分钟过去了，20分钟过去了。台上的推销大师仍然一下又一下地敲着，台下早已开始骚动，有人甚至忍不住叫骂起来。人们以各种声音或动作来表达他们的不满，推销大师仍然一锤一顿地敲着铁球，仿佛对台下观众们的抱怨充耳不闻。

开始有人愤然离席，陆陆续续有人跟进，原本座无虚席的听众席，渐渐出现一大块一大块的空缺。留下的人大概也喊累了，现场重新渐渐安静下来。

大约过了40分钟，坐在最前排的一位女士突然惊呼一声："球动了！"

会场顿时鸦雀无声，所有人的目光，全聚焦于台上那颗铁球。不仔细看是无法察觉的，只见那颗顽固的铁球，竟然以极其微小的摆动幅度，轻轻摆动了起来。推销大师仍然用小锤一锤又一锤地敲着，此时观众的耳中，似乎只听见那一下又一下敲击的声响。

不可思议的是铁球的摆动幅度越来越大，渐渐地越荡越高，甚至将铁架拉扯得“咔嚓”响。铁球摆荡所发出的巨大声响，强烈震撼着在场的每一个人。

终于，听众席中爆出了一阵掌声，很快地，热烈的掌声响成了一片……

在掌声中，推销大师缓缓转过身来，不疾不徐地将小锤放回上衣口袋，向台下一鞠躬，然后退场。台下的掌声更热烈了。

这是一场没有言语的演讲，却也是一场最令人难忘的演讲。

推销大师用实际的行动，演绎了成功的道理，那就是：用心坚持做自己的事，就会产生巨大的力量。

一个人若在某一个方面从小就认真、用心、刻苦地去钻研，那么他长大后将在这个方面取得卓越的成就。凡事就怕用心，只要用心，在任何方面都有可能获得巨大的成功。服务用心就要全力以赴地做事，不管你做什么工作，见识多广，经验多丰富，都不要掉以轻心，那样不仅会害了公司，也会葬送你自己的前途。用心工作，把事情做得尽善尽美，谁都可以成功。相反，如果你“对付”工作，工作就会“对付”你。要知道，你已经把时间和精力都压在工作上了，要是不能把工作做好，不能为自己的人生写上“优秀”二字，这也将是一种遗憾。

爱默生说：“一个人，当他全身心地投入到自己的工作之中，并取得成绩时，他将是快乐而放松的。但是，如果情况相反的话，他的生活则平凡无奇，且有可能不得安宁。”把工作当成自己的事业，全身心地投入其中，这是真实的人生，同时也是成功的人生。服务就是如此。

服务工作无小节

有位智者曾说过这样一段话："不会做小事的人，很难相信他会做成什么大事。做大事的成就感和自信心是由小事的成就感积累起来的。可惜的是，我们平时往往忽视了它，让那些小事擦肩而过。"所谓小事就是一些在日常工作或者生活中重复运作的事情，或微不足道的细节部分。

在现实生活中，大事都是由小事构成的。比如，一台拖拉机，有五六千个零部件，要几十个工厂进行生产协作；一辆小汽车，有上万个零件，需上百家企业生产协作；一架波音747飞机，共有450万个零部件，涉及的企业单位更多。而美国的阿波罗飞船，则要两万多个协作单位生产完成。在这由成百上千，乃至上万、数百万的零部件所组成的机器中，每一个部件都容不得哪怕是1%的差错。否则，生产出来的产品不单是残次品、废品的问题，甚至会危害人的生命。比如，我国前些年澳星发射失败就是细节问题：在配电器上多了一块0.15毫米的铝物质，正是这一点点铝物质导致澳星爆炸。正所谓：失之毫厘，谬以千里。所以，要想保证一个由无数个零件所组成的机器的正常运转，就必须通过制定和贯彻执行各类技术标准和管理标准，从技术和组织管理上把各方面的细节有机地联系协调起来，形成一个统一的系统，才能保证生产和工作有条不紊地进行。在这一过程中，每一个庞大的系统都是由无数个细节结合起来的统一体，忽视任何一个细节，都会带来想象不到的灾难。所以，无论做人、做事，都要注重细节，从小事做起。服务工作也是如此。

两个人正在谈话，如果你用手摸摸后脖颈，或是抬手看表，动作虽然细小，但对方却感到你已经不想谈下去了，便会起身告辞。一个美国人到韩国谈生意，只在宾馆住了三天，他便发现韩国的男人不尊重女性，因为他看见前来和他洽谈的先生们上卫生间小便时，都没有掀起马桶的坐垫。以上的例子都说明了交际中没有小节，哪怕是很微不足道的身体语言也会被人读出许多东西。同样的，服务中也没有小节，服务人员要时时刻刻注意自己的形象举止，在细微之处下工夫，不能乱来，否则会无意中得罪了客人却不自知。

某知名外企派专员到中国的一家公司考察，想根据考察结果决定是否将公司的零配件生产交给这家公司负责。这是一个很大的订单，公司老总为此做了大量工作。但没有料到的是，考察专员以一个普通顾客的身份提前一天到了公司。

负责接待的李秘书刚好心情不佳。她板着脸，很不耐烦地问了对方的来意，便一声不吭地把来人往老总办公室领，发现老总不在，就挥手让客人回去。客人表示要在接待室等等看。客人等了一两个小时，李秘书也不给他倒水喝。客人枯坐半天，摇摇头说要走，李秘书也不起身相送。

几天后，当老总得知这张吸引人的订单已成了某竞争对手的囊中物时，他怎么也想不到，这一切，都是拜李秘书所赐！

读完这个故事，你一定觉得这张订单丢失得太冤枉了。的确，李秘书的接送工作完全不合格：首先，客人来了，她没有笑脸相迎，也没有热情问候；客人等待时，不知倒茶端水，也不解释安慰；最后，客人要走了，她也不起身相送。整个过程表现出极差的服务态度和服务素质。而由于她不合格的工作，公司的良好形象被破坏了，考察专员因此认定这家糟糕的公司不配成为他们公司的零配件生产基地。可见，服务工作中的一个小节虽然很不起眼，却能折射出企业的形象，是企业对外的第一扇“窗”，顾客对企业的第一印象往往是从这扇“窗”中获得的。

一件小事中会有无数个细节问题，做好每一个细节，才能将事做成功。在这样一个细节决定命运的年代，那些看起来十分不起眼的小细节，往往蕴藏着深刻的大道理，在无形中影响着你的一生，改变着你的命运。服务人员将小事做好，努力把小事做细，才能成就完美。

李先生长期在外做工程项目，与妻子两地分居。最近妻子要到达本地，李先生就到当地一家三星酒店预订了房间。这会儿他早早就在房间等候妻子的到来。

李太太几乎近半年没见到李先生了，两人见面十分激动。稍事休息之后，李太太想洗个澡。李太太到浴室后正准备打开笼头，心中一惊。她发现浴缸边有个假睫毛，于是找李先生理论，李先生一再解释，李太太才稍微消了点气。

一阵门铃响，李先生忙去开门。原来是客房员工送洗衣过来，李先生不解地说，自己刚进来，没有洗衣，员工说不会错，是这个房间的。这时李太太出来，问发生了什么情况，一看是件女士内衣。李太太十分生气，甩手而去，对身后李先生的解释不予理睬，赌气离开了酒店。

李先生十分懊恼，后来才了解到这内衣是前一位韩国女客人的，离店前要求寄放总台。但员工没有交接，于是发生了问题。于是李先生向酒店投诉，要求酒店道歉，并向其妻子出具书面证明。

本案例中浴缸边出现假睫毛说明两个问题：一是客房服务员做房间卫生不仔细；二是客房卫生检查不到位。这两个问题同时说明这家酒店的卫生存在严重问题。客房员工在清扫房间时，一定要严格按标准程序与规范，仔细清洁房间内卫生。卫生状况是客人选择酒店入住的一个重要衡量标准与尺度。某些饭店客房员工清洁卫生极为马虎，比如客人入住酒店后，打开写字台的抽屉，里面有异物，如纸屑、垃圾，甚至还有客人遗留下的臭袜子等。另外，此案例中，正因为前台未及时将韩国客人要求寄存内衣的情况通知洗衣房，才使李先生夫妇产生了不可收拾的误会。饭店致力为宾客提供满意的服务，培养忠诚的客户；饭店从业人员期望通过自己的个性服务令宾客满意、舒适，追求卓越的服务品质。但值得注意的是，所有服务都是建立在标准服务的基础之上，通过为客户提供惊喜的服务，加以归纳，汇集成新的适合自己饭店的高品质服务。然而一个交接细节没有做好却给客户带来了大麻烦。

服务离不开细节。看不到细节，或者不把细节当回事儿的人，对工作缺乏认真的态度，对事情只能是敷衍了事。这种人无法把工作当作一种乐趣，而只是当作一种不得不受的苦役，因而在工作中缺乏工作热情。他们只能永远做别人分配给他们做的工作，甚至即便这样也不能把事情做好。而考虑到细节、注重细节的人，不仅认真对待工作，将小事做细，而且注重在做事的细节中找到机会，从而使自己走上成功之路。所以说，一心渴望伟大、追求伟大，伟大却了无踪影；甘于平淡，认真做好每个细节，伟大却不期而至。这就是细节服务的魅力，是水到渠成后的成功。

客户的小事就是我们的大事

俗话说“战场上无小事”，这就要求每一位军官和士兵始终保持高度的注意力和责任心，始终具有清醒的头脑和敏锐的判断力，能够对战场上出现的每一个变化、每一件小事迅速做出准确的反应和决断。其实，“战场上无小事”也同样适用于企业，适用于企业的每一位员工，因为在工作中，客户的小事就是我们的大事。

服务是一种文化，是一种传承。持之以恒做好服务，是我们服务业的一件大事。“不以善小而不为，不以恶小而为之”。要做好服务工作，必须努力掌握业务知识与业务技能，重视每一个细节，在服务中才能得心应手地解决问题。

有一次，海尔售后服务中心收到了一封用户来信，说自己家的冷柜出现故障，希望海尔派人去维修。然而，或许是用户比较粗心，其地址只有“浮山”二字，并没有其他具体信息。如果碰到这样的情况，很多商家可能选择放弃，但是海尔的员工并没有置之不理，而是立即派人前往浮山，然后拿着这封信挨家挨户地询问，最后在警察的帮助下找到了寄信的用户，并帮他修好了冷柜。可以考虑一下，在我们遇到这种事情的时候，我们应当如何处理？或许有些人认为如果真正客户需要的话，他会再次跟我们联系，等那个时候再弄清具体地址也可以；更有甚者，或许直接不会答理。当然，我们也不能对这种想法进行批评，因为这是普通人的普遍想法。但是，海尔员工作为普通人却做了不普通的事情。即使没有具体地址，他们也要想办法把地址找出来。正是因为有这种精神，相信他们做什么都能成功。

服务是对客户的一种感情和态度，服务优质源自员工优秀。一个优秀的员工能够把客户的各方面记在心中。在对客户提供服务的时候都会进行换位思考，站到客人的角度思考和处理问题，这样的服务必然是优质的。

做营销的人都知道乔·吉拉德，他被誉为是“世界上最伟大的推销员”。究竟他是如何成功的呢？在乔·吉拉德看来，在卖汽车的时候，人品比商品更重要。一个成功的汽车销售商，一定会有一颗尊重普通人的爱心，而且这个爱心也会在所有的细节中体现出来。

正是因为注重细节，吉拉德收获了效益，取得了成功。他被《吉尼斯世界纪录大全》誉为“全世界最伟大的销售商”，创造了12年推销13000多辆汽车的最高纪录。有一年，他曾经卖出汽车1425辆，被同行人视为销售模范。

著名CEO杰克·韦尔奇也说：“一件简单的小事情所反映出来的是一个人的责任心。工作中的一些细节，唯有那些心中装着大责任的人才能够发现，能够做好。”人生就是由许许多多微不足道的小事构成的，智者善于以小见大，从平淡无奇的琐事中领悟深刻的哲理。每个人所做的工作，也都是由一件件小事构成的，所以我们不能因此而对工作中的小事敷衍应付或轻视懈怠。

换位思考，表达善意

“我已经对客户很好了，该做的事情我都做了，该给的甜头儿也给了。他怎么就不动心呢？很多时候我说的话也是为他好啊，他就听不出来吗？”一位销售员这样向他的同事抱怨。其实类似这样的情况几乎每个人都遇见过。

难道真的是客户不知道什么叫真情吗？感情的交流和下订单签合同不同，很多时候你也要考虑客户的接受能力。但事实是，很多销售员只是想当然地对客户好，他们没有想过自己的这个“好”是不是合适。

1. 在作决定之前，你是否考虑过客户的感受

一个阴雨天里，一位中年妇女走进了一家汽车公司的展销大厅。这位妇女想买一辆汽车来替换她那辆破旧的老福特。她的衣着打扮看上去不是很新潮，再加上她在看一辆白色福特车时的犹豫，年轻的销售员就凭直觉感到，她可能并不富裕。

“太太，您真的想买一辆福特吗？现在这几款车的价格都不低。您看，现在经济形势不太好，您要考虑清楚啊！我有一笔欠款要收，请您一小时后再过来好吗？”说着，这位“善解人意”的小伙子走开了。

妇女失望地走向了另一个展台。在那里，她向一位销售员诉说了自己的愿望：她本来想买一辆白色的福特汽车，就像她表姐开的那辆一样。可是，福特轿车的销售员却非常“善意”地拒绝了为她推销。这一天，正好是她55岁生日，她要送一辆汽车给自己作为生日礼物。

“生日快乐！夫人。”推销员一边说着，一边为妇女拉开一辆白色汽车的车门，“夫人，既然您那么喜欢白色车，那就先看一下我们的这款双门轿车吧！它也是白色的。”妇女很高兴地同意了。在看车的过程中，销售员扭头吩咐了一些什么。

很快，一个年轻的接待人员为妇女送来了一束鲜花。“祝您生日快乐，尊敬的夫人。”销售员温文尔雅地笑了笑说。妇女的眼睛一下子亮起来了：“你知道，我已经很久没有收到别人的礼物了。嗯，我想这辆车我也很喜欢！”最后，妇女把这辆车当场买走了。

这个故事是乔·吉拉德的一个亲身经历，那个安排送花的销售人员就

是乔·吉拉德，他之所以能够把汽车推销出去，是因为他使用了高超的推销技巧，巧舌如簧地让客户改变了想法吗？没有！不仅如此，从头到尾他的言语中都没有劝客户放弃福特而买自己的车。他销售成功的原因就在于，他让客户感受到了他的善意。

仔细分析，这位客户遇到的第一个销售人员也不一定是心怀恶意。在经济不景气的情况下，怂恿一位看上去经济状况不好的中年妇女买一辆超出自己支付能力的轿车，并非明智之举。于是销售员“明智”地躲开了。可是，他在做这种“善意”举动以前，却没有考虑客户的感受。不管中年妇女在他那里感受到什么，他的“善意”没有被对方接受。这就是一种不考虑客户感情接受能力而乱“出招”的例子。

在你的销售过程中，是否也犯过与那位失败的销售员一样的错误呢？也许你认为自己接待客户的方法是善意的，可是你却从来没有想过对方是不是能够接受。要想避免这个错误，并像乔·吉拉德那样让客户感觉到你的善意，就一定要学会使用换位思考的方法去体察客户的内心。

2. 体察客户的想法，你会作出更好的决定

换位思考是人际交往中非常常见的一种交际技巧。它强调的是将自己的情感体验、思维方式等与对方联系起来，从而站在对方的立场上体验和思考问题。这种技巧的好处就是，可以让思考者与对方在情感上得到沟通，从而为下一步的交际活动提供情感指导。在销售活动中，聪明的销售人员能够从客户的一举一动、所处环境等方面发现他们的想法。

李遐开了一个豆腐作坊。每天下午，他都要带着自己做好的豆腐在小城里沿街叫卖。小城卖豆腐的有好几家，可是很快人们发现，李遐的销售量大有后来居上的趋势。李遐的豆腐质量一般，人们爱买他的豆腐就是因

为他人缘好。就拿二街的老王头来说，现在他已经是非李遐的豆腐不买了。

老王头无儿无女，是街里的“五保户”。平时，也很少有人关心他，所以老人的生活十分孤苦。有心的李遐很快就发现了老人眼神里的孤独，所以每次老人买豆腐时，他都会和老人聊上一会儿。逢年过节，李遐也会从家里带一些自家做的东西给老人，这短短的交流让老人很快就喜欢上了他。

不仅是对老王头，李遐对许多客户都是这样，他已经不止一次地帮助邻里了。时间长了，人们惊讶地发现李遐总是能够做出最令他们感到贴心的事情。这样一来，李遐豆腐销量大涨也就不是什么新鲜事了。

李遐能够获得客户的青睐，让自己豆腐的销量大涨，就是因为他在接待客户时很善解人意，能够主动体察客户在情感方面的需求，让他们觉得与自己打交道很愉快。买谁的东西都是买，善解人意的销售员自然会更受欢迎。

要想像李遐那样获得客户的欣赏与赞许，其实你要付出的并不多。人心都是相通的，只要你能够将心比心，去体察对方的所思所想，那么很容易你就能猜透他们的想法，做出最有利于客户选择的行动。

换位思考，体察客户的情感需求，可以让你的情感攻势一步到位，同样，这种方法也可以用在销售过程的其他方面。

客户有什么需求变化，这些问题仅靠销售人员自己从市场角度分析是不够的，你还要学会从客户的角度去考虑问题。

比如，你想要弄清一款家用电器在市场上的销售前景，你就要知道在下一阶段，消费者们会如何看待这款电器，他们是自用，还是逢年过节时买给亲朋好友当礼物。从消费者的角度思考这种需求，往往更有效。

服务就是要让客人感觉方便和舒适

我们的服务不仅要规范、合理、科学，更要让客人感觉方便和舒适，也就是要体现服务的高质量。随着经济的持续发展和社会的不断进步，人们对服务品质的要求还会越来越高，这种更高的要求，不仅为我们每个人带来更加幸福的生活质量，还对我们每个人的服务素质提出了更高的标准和挑战。因为每个人既是服务的客体，同时又是服务的主体，只有当每个人的服务素质和服务质量都提高时，社会大多数人的更高需要才能获得满足，这也是服务的一个责任。

小胡是一家酒店的实习生。在最初，她被分配到客房部做清洁工作。因为小胡比较上进，所以在工作的时候能够认真清扫每个房间，进而赢得了很多客户的好评。有一天，一个年轻的女士住进了酒店，每当小胡打扫完房间，这位女士都会亲自检查一遍。如果发现哪个地方没有达到她的要求，她就会让小胡重新打扫。

在这种情况下，小胡劝自己不要放在心上，因为她不是天天在这里住。但是没有想到，她在这里一住就是一个月，而且没有要走的意思。于是，小胡每天都去收拾脏乱的房子，而且还时不时地返工。

最后，小胡实在忍受不了了，她对领班常姐说自己不想为这位刁蛮的女士服务了。

听了小胡的抱怨，常姐语重心长地说："小胡啊，记住，你是一名服务人员。不管客人说什么或做什么，你都要做好你的工作，并以应有的礼貌为客人服务。”

听常姐这样说，小胡仔细想了想，的确也是这么一回事。于是在第二天打扫房间的时候直接问那位女士需要清洁的位置。慢慢地，小胡了解到，这位女士不喜欢角落中有灰尘。在打扫房间的时候，因为小胡非常劳累，所以总是对角落一扫而过。找到原因的小胡以后重点清扫角落，而这位女士再也没有叫她返工。最后走的时候，她还夸奖小胡工作非常用心。

其实，服务的宗旨就是让客户满意。只有高品质的服务才能拉近我们和客户的距离。首先，我们应当明白，在如此激烈的竞争环境中，不是客户更需要我们，而是我们更需要顾客。因为我们所能提供的商品，竞争对手都能提供；在价格上，我们也不会占有很多优势，唯一拼的就是服务。所以，需要在服务质量上多下工夫。只有让顾客感觉到舒心、放心，体会到我们的责任心，才能形成我们的竞争优势，最终战胜竞争对手。

东京一家贸易公司有一位小姐专门负责为客商购买车票。她常给德国一家大公司的商务经理购买来往于东京、大阪之间的火车票。不久，这位经理发现一件趣事：每次去大阪时，座位总在右窗口，返回东京时又总在左窗口。

经理好奇地询问小姐其中的缘故。小姐笑答道：“车去大阪时，富士山在您右边，返回东京时，富士山已到了您的左边。我想外国人都喜欢富士山的壮丽景色，所以我替您买了不同的车票。”就是这种不起眼的细心事，使这位德国经理十分感动，他认为在这样一个微不足道的小事上，这家公司的职员都能够想得这么周到，那么，跟他们做生意还有什么不放心的呢？！于是，他决定加大与这家日本公司的订货额，由400万欧元提高到 1200 万欧元。一个员工细心的举动为公司带来了巨大的商机，这就是服务的威力。

在日常工作中注重小节才能把事做得尽善尽美。要做好服务工作，就必须从小事做起，在细节中铸就成功。可惜，这个小小细节很多服务人员却很难想到和做到。有些服务人员还根本不把心思放在这小小的细节上，总认为小事多余，不值得去想、去做。要知道，细节，微小而细致，在市场竞争中它不会叱咤风云，也不像促销策略，能够立竿见影地使销量飙升；但这小小的细节，却能春风化雨、润物无声、暖人心田。遗憾的是，我们很多商家总是喜欢在最容易模仿的方面寻找差距，比如，在购物环境上、在促销方式上等，而这些，都不难模仿和跟进。如果总是在这些方面用力，你要么跟在人家屁股后面被动前行，要么是你自己先行一步但却保持不了多久的竞争优势。那么，什么才是最难模仿和跟进的差异化竞争策略呢？那就是人，为顾客提供服务的人。原因有两个：首先，每一个人都是独一无二的，几乎是无法复制的；其次，人是最具可塑性的，不同的环境，不同的培养方式，不同的老师，所塑造和培养出来的人是不一样的。由此可见，只有在人的服务素质上领先于竞争对手，才是最为有效和长远的竞争策略。

第八讲　奉献心：用心服务，奉献惊喜

奔驰：一流的质量，一流的服务

梅赛德斯—奔驰是德国汽车品牌，它被誉为是世界上最成功的高档汽车品牌之一。梅赛德斯—奔驰之所以被人喜爱，是因为其技术水平较为完美，质量标准过硬，创新能力非常强大，而且轿车和跑车的款式都非常新颖。在国际上，该品牌通常被简称为“梅赛德斯”，而中国内地称其为“奔驰”，中国台湾译为“宾士”，中国香港译为“平治”。

1900 年 12 月 22 日，戴姆勒汽车公司向其客户献上了世界上第一辆以梅赛德斯为品牌的轿车。从此之后，奔驰汽车就成为汽车工业的楷模。多年来，奔驰品牌一直是汽车技术创新的先驱者。

从奔驰制造第一辆公认的汽车到现在为止，已经出现了很多的汽车厂家，虽然有不少厂家曾经显赫一时，但大多只是昙花一现，能够经历风雨之后依然保存下来的只有三四家，而百年老店，仅有奔驰一家。

让三叉星徽在全世界闪耀是奔驰公司一个多世纪以来的梦想，也是他们矢志不渝的追求。经过了 100 多年的发展，“奔驰”这两个字如今已经成为了全世界汽车行业里最具吸引力的品牌代名词。

奔驰公司是世界十大汽车公司之一，总部设在德国的斯图加特，它的前身是戴姆勒—奔驰股份公司。100 余年过去了，公司的名称虽然几经更迭，但是人们一直习惯将其简称为奔驰公司。

如今的奔驰公司是一家跨国大型集团有限股份公司，旗下共有 4 家子公司。而梅赛德斯—奔驰则是其中最大的一家子公司。多年以来，“奔驰”在人们心中始终是一种尊贵、地位和权力的象征。在世界十大汽车公司中，奔驰公司是年产汽车量最少的，但是它的利润和销售额在世界上所有汽车公司中却一直排名前五。一直以来，奔驰公司始终把“良好的产品品质、优质的售后服务”奉为自己的经营宗旨，而也正是这一宗旨在一直推动着奔驰在汽车制造界屹立不倒，长盛不衰。

奔驰公司是世界企业工业的鼻祖，它的历史最早可以追溯到 1886 年。那一年，奔驰公司的创始人卡尔·本茨和戈特利布·戴姆勒创办了奔驰，奔驰汽车公司的名字就是以卡尔·本茨的姓名命名的。

1844 年 11 月 25 日，卡尔·本茨出生于德国南方的一个小城卡尔斯鲁厄，他的父亲是一名火车司机，母亲是一位裁缝。卡尔·本茨从小就对发动机充满了兴趣。他在毕业之后先后当过制图员、设计师以及厂长。1871 年，卡尔·本茨脱离原公司创办了自己的企业，并且开始着手研制两冲程引擎。经过 8 年的努力，卡尔·本茨终于获得了成功，他很快就为自己的发明申请了专利。

1883 年，卡尔·本茨创建了“本茨公司”。1886 年 1 月 29 日，卡尔·本茨又发明了“安装有汽油发动机的交通工具”，于是就有了世界上第一辆汽车。这辆汽车最初只有 3 个轮子，时速最高为 15 千米。

卡尔·本茨成功后便兴奋地向自己周围的人展示自己的发明，并且让自己的妻子开着这辆被他命名为“奔驰 1 号”的汽车去 100 千米以外的一个亲戚家做客。这次“汽车之旅”对于本茨公司有着十分重要的意义。他让奔驰汽车一炮“走红”。1890 年，本茨公司制造出了 603 辆汽车，其中有 341 辆汽车被运往国外。从此之后，本茨公司成为了当时世界上最大的汽车制造商和汽车销售商。

奔驰公司的另一位创始人戈特利布·戴姆勒则于1834年3月17日出生在德国的一个面包师家庭。和卡尔·本茨一样，戈特利布·戴姆勒同样从小就对燃气发动机很感兴趣。在他38岁时，他已经成为了当地著名企业“道伊茨”公司的一名技术经理。而为别人打工当然不是他的终极目标，他的梦想就是创办一家真正属于自己的公司。因此，在1882年，戈特利布·戴姆勒毅然决然地离开了“道伊茨”公司，舍弃了高薪职位，创办了自己的工厂。工厂刚一成立，戈特利布·戴姆勒便开始专心研发小型高速四冲程引擎。

1883年，戈特利布·戴姆勒发明了世界上第一台快速内燃发动机，这台发动机每马力可以带动80千克重量，转速高达600转/分。1885年，戈特利布·戴姆勒把这辆发动机安装在了一辆两轮车子上，而这辆带有单缸发动机的两轮车就是世界上第一辆摩托车的雏形。1886年，戈特利布·戴姆勒又成功地把这个发动机安装在了一辆四轮马车上。在这个发动机的带动下，这辆马车的时速达到了18千米。就此，世界上第一辆具有现代意义的四轮汽车诞生了。

4年之后，已经具备一些经验和实力的戈特利布·戴姆勒创办了“戴姆勒公司”。很快，“戴姆勒公司”开始了“凤凰牌”汽车的研制。到了1900年，戴勒姆成功地研制出了第一款轿车，这款汽车被戈特利布·戴姆勒命名为“梅赛德斯”，在西班牙语中，“梅赛德斯”是祥和、幸运的意思。一年后，“梅赛德斯”正式投入生产，而且获得了巨大的成功，而“戴姆勒公司”也因此成为世界上著名的汽车企业。

“梅赛德斯”汽车最初是由戈特利布·戴姆勒的好朋友威廉姆·迈巴赫设计的，它采用的是四缸发动机，功率为40马力，最高时速可以达到75千米，由于“梅赛德斯”汽车在很多赛车比赛中屡屡夺冠，因此“梅赛德斯”的名气越来越大，逐渐成为了当时德国最著名的汽车公司。

1918年以后，经济危机席卷了世界，德国的汽车工业没能幸免受到了沉重的打击。而此时，在大洋彼岸的美国，其汽车工业也逐渐发展起来，对于德国来说，这无疑是一个巨大的威胁。而“戴姆勒公司”和“本茨公司”也都在此时陷入了困境。

当时美国的汽车公司已经开始了流水线作业，廉价的福特T型汽车自问世以来便以低廉的价格打入了德国汽车市场，对德国的汽车公司构成了巨大的威胁。随着T型车源源不断地涌入德国市场，“戴姆勒公司”和“本茨公司”逐渐开始意识到单凭自己的力量是无法与T型车相抗衡的。为了应付美国汽车公司的挑战，渡过难关，两个公司在1924年达成了协议，集中各自的优势开始合作生产汽车以求降低生产成本，提高生产质量。

1926年6月29日，两个公司正式合并，取名“戴姆勒—奔驰汽车公司”。自此，世界汽车工业中一颗耀眼的新星以及它的三叉星商标正式诞生了。

1933年，戴姆勒—奔驰公司又进行了一次调整，将公司的名字改为梅赛德斯—奔驰汽车有限公司。两年之后，奔驰公司研发出了一款新车——梅赛德斯—奔驰770型“布尔曼”轿车，该车采用7655毫升八缸发动机，功率为150马力，最高车速达140千米/小时，由于该车性能良好，成为日本天皇的御用汽车。

1957年，奔驰公司又研发了新车——奔驰300S，采用了排量为7升的增压发动机，它在保留使用燃油喷射的基础上，增加了3个化油器，并且体积只是普通发动机的一半，但是具有更好的性能。

1959年，奔驰公司又在车身上获得了创新突破，开发了一款更为安全的车身，将刚性车身和能量吸收变形进行了充分的结合，并且成功推出了“尾鳍车型”——奔驰220、220S和220SEO，这是世界上第一次进行安全车身设计的汽车。

从1965—1988年，奔驰公司先后设计生产了5款梅赛德斯—奔驰汽车，每一款汽车都成为了经典，都是当时的最具舒适性、安全性和可操控性的汽车。而300SEL、450SEL、S600等车型无疑也成为当时顶级的车型，而这也代表了奔驰的理念。其中最优秀的是1973年生产的“梅赛德斯450SEL619”轿车，获得了“本年最佳汽车”的殊荣，成为了汽车制造业的荣耀。在20世纪80年代中期，奔驰公司再次获得了突破，率先采用了前低后高，以弧形曲线为主的车型设计理念，引领了当时汽车行业的发展。

而奔驰公司首次登陆中国是在1986年，落脚点为中国香港。从20世纪90年代开始，奔驰公司再次在汽缸技术上获得了突破，独家研发并采用了四油门汽缸技术，这种技术既可以缩小汽缸的体积，又能增加马力。

但是到了20世纪90年代初，奔驰公司连续两年开始出现利润下滑。为了应对这种情况，奔驰公司在1993年开始了一次彻底的改革，并且对企业进行了一次重新定位，那就是成为广大普通家庭都可以买得起的物美价廉的中小型汽车，而不是单纯的高档汽车，并且在美国的阿拉巴马州建立了第一个海外汽车制造厂。

1998年，奔驰公司又和美国克莱斯勒汽车公司进行了合并，成立了新的汽车公司——戴姆勒—克莱斯勒汽车公司。其中奔驰公司占新公司的53%股份，克莱斯勒公司占43%股份，而这也成了汽车业界历史上最大的一次合并。

2000年，奔驰汽车再次创造了历史，成功地研发出了世界上首辆安装陶瓷制动器（C-Brake）的汽车，并且同步采用了Fleet Board信息通信辅助网络服务。

2001年，奔驰公司首次把SBC电液制动系统成功应用于大规模生产。2002年，奔驰公司在新的S级汽车上，成功地推出驾驶员及乘客保护预防性安全系统（PRE-SAFE）。并且在同一年，由德国慕尼黑SEMION研究所主办的“2002年度德国品牌50强价值排序”中，“奔驰”成为第一名，其品牌价值高达300多亿欧元，折合2100亿元。

现如今，奔驰汽车在汽车领域的地位不用多言。作为世界上最顶尖的汽车，奔驰一直都是身份和地位的象征。也正因如此，使它成为了很多国家元首的首席座驾。

奔驰是世界上少有的几家拥有百年历史的汽车公司，在其100多年的发展过程中，奔驰汽车素以先进的技术和完美的质量以及卓越的性能著称。一提到奔驰，人们就会把它和“安全”“品质”等词汇联系在一起。毫无疑问，在世界上所有的汽车爱好者心中，奔驰汽车是一个充满了传奇色彩的神话。人们一方面在感叹着它的辉煌，另一方面又在疑惑，究竟是什么造就了奔驰的成功？其实奔驰公司成功的秘诀可以总结为10个字，那就是：一流的质量+一流的服务。

1．用一流的服务创造一流的质量

除了拥有质量一流的产品以外，奔驰公司的服务也是世界上一流的。

奔驰公司在全球拥有一个完整而方便的服务网络，这个服务网络包括两个系统，一个是推销服务网，分布于德国的各个大中城市。而在推销处，客户们可以看到各种车型的图样，了解到汽车的性能。

当客户订购奔驰汽车的时候，可以根据自己的意愿来提出自己的要求，比如车辆的颜色、空调设备、音响设备乃至于保险车门钥匙的样式。对于客户的这些要求，奔驰的设计师与生产技术人员都会一一给予满足。

在服务网中的第二个系统就是维修站。维修环节是奔驰公司最注重的一个环节。为了向每一位奔驰的客户提供最优质的维修服务，奔驰公司在德国共设立了1244个维修站，工作人员5.6万人。也就是说，你在德国公路上走不到25千米，就可以找到一家奔驰的维修站。而在国外171个国家和地区，奔驰公司共设有3800个维修站，而这些维修站的工作人员个个技术高超，态度热情。

奔驰汽车一般每行驶7500千米就需要换一次机油，每行驶1.5×10千米就需要进行一次检修，然而客户并不用为此担心，因为这些服务奔驰公司都会派人在第一时间安排好，如果在更换机油的时候维修站发现车子某个零件有损耗，维修站还会主动打电话询问车主是否更换零件。如果车子在中途抛锚，开车的人只需要给就近的维修站打一个电话，维修站就会立刻派人到现场处理，或者将车拉回维修站。

星徽理念是奔驰公司专门针对中国市场提出的一个具有全球化标准的服务理念。截至2012年，奔驰已经在中国内地地区80多个城市建立了180多家采用全球统一标准的授权销售和服务中心以及展厅。和全球所有地区一样，每家奔驰授权销售中心门外都有一个醒目的梅赛德斯—奔驰三叉星徽标识，这既是奔驰公司高品质的象征，也是奔驰公司全球统一的标准——“星徽理念”的显著标志。

2. 服务需要跨文化

奔驰公司为什么会成功？它靠的就是跨文化的服务，它能够适应世界各地的各种文化，一边坚持自己的服务理念一边适应当地的文化，做到服务与文化相结合，最终打造出自己的特色服务。

有服务界的专家曾根据服务的对象以及服务范围的不同把服务分为3种：

第一种就是作为社会经济的重要组成部分——服务性行业。比如娱乐场所、银行、公共事业（火车、公交车、地铁等）等；

第二种就是一些产品的售后服务支持。比如修理、维修、技术咨询等；

第三种就是一些抽象为服务质量的客户服务。

由于服务具有无形性和即时性以及不可分性（生产和消费同步），所以服务一直缺乏一个统一的标准，人们很难辨别服务的孰优孰劣，客户经常是根据品牌和企业的声望来推测、判断服务的质量。而此时，想要在良莠不齐的服务界中脱颖而出，企业必须像奔驰公司一样学会跨文化的服务。那么跨文化服务具体究竟是什么呢？以下是关于跨文化服务的几点介绍：

（1）服务营销的跨文化影响

现如今，服务业在国民经济中的地位不断上升，服务业的贸易额已经占到了世界贸易总额的20%~30%，并且以每年20%的速度飞快增长。然而，服务业的国际化也存在着一些明显的障碍，而且这种障碍现如今越来越明显，例如，绝大多数国家的非关税壁垒都是针对服务业的。就总体形势而言，这些潜在的障碍包括：国际间劳动力流动导致劳动密集型服务业的国际化难度加大；服务产品流动性差；基础服务设施没有统一的标准；还有最关键的问题就是文化差异性，对于一个具体的服务项目来说，缺乏文化之间的通行性，是让服务业国际化困难的首要原因。因此，要想使企业服务国际化，首先就要做到地方化，因为不同的地区有不同的文化差异，不同的行业也有不同的服务特点。

1）金融业：不同的民族文化有着不同的消费观念。以中国和美国为例，在中国的消费以现金支付为主，而在美国消费的主要支付工具为信用卡。

2）娱乐业：电影是美国唯一真正成功的国际性娱乐行业。但是在法国、德国、日本，当地政府采取各种各样的措施抵御所谓的美国电影文化。因为娱乐对文化极为敏感，对国外不良文化污染本国文化的担忧，以及对本国娱乐业的保护，导致很多国家在法律方面都对娱乐服务业十分警惕，中国亦是如此。

3）旅游业：旅游是世界上最大的服务行业，它的产值可以占到世界GDP总值的10.1%。而游客在其他地区旅行时，难免会因为文化差异而导

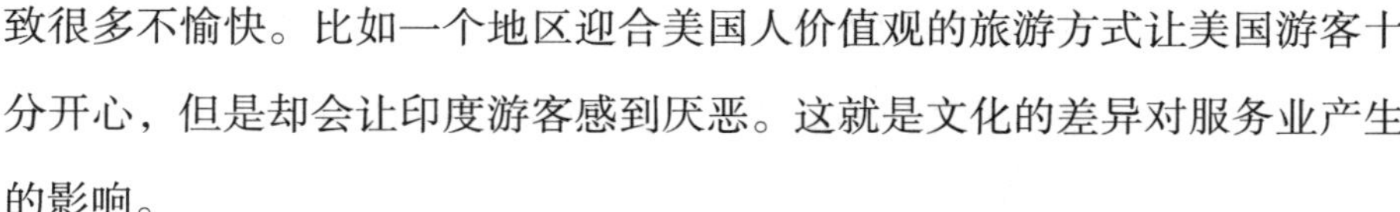

致很多不愉快。比如一个地区迎合美国人价值观的旅游方式让美国游客十分开心，但是却会让印度游客感到厌恶。这就是文化的差异对服务业产生的影响。

（2）售后服务的跨文化差异

售后服务主要包括培训、维修、安装、送货、担保、客户服务、远程支持，等等。而售后服务是一个产品从生产到获得利润的重要组成部分。如果没有完美的售后服务，产品的形象很容易受到极大的损害。而售后服务也是企业竞争的强大武器，不仅可以留住客户，还能够扩大自己的销售额。

在日本，高质量以及优质售后支持的期望已经成为大多数企业的经营理念，而日本公司成功的秘密就是以客户为中心的公司战略，要永远对客户负责。

（3）服务质量的跨文化差异

1）服务质量与文化。服务的第三种定义就是客户服务，包括服务质量、如何提供服务和客户对服务的满意度 3 个方面。从本质上讲，质量是描述一个产品或者服务，让他们获得满足感的认同程度。而由于服务具有特殊性，服务质量无法向普通的商品质量一样容易衡量。

不同国家和地区之间由于文化的差异，对服务质量的判定也不一样。一般来说，在美国，评价服务质量优劣的因素主要是责任心和可信度；欧洲人更关心服务的保证力和有形设施；而在东南亚，客户最关心的就是感化力。由此可见，跨文化对服务质量评判的影响。

2）文化背景决定客户的服务期望。不同的文化背景也决定着不同地区的客户对服务需求内容的期望值与认同感，决定着他们如何沟通、怎样沟通、双方应该注意什么以及如何反馈等。美国式的服务是亲和友善，欧洲国家则期望质量和舒适度，日本则追求效率与速度。

3）关注不同的文化。由于服务质量和客户期望的服务密切相关，而不同文化背景下的客户的期望又并非特别清楚，因此企业很难精准地度量服务质量。除此之外，客户的满意度又具有很强烈的文化倾向，不同文化的服务质量差异也很大。因此，企业应对不同地区文化进行深入了解，对症下药，给不同地区的客户提供最适合他们的服务。

（4）成功的跨文化服务

服务营销与商品营销有着本质上的差别，而这种差别在处理不同地区的跨文化因素时显得更为重要。比如河南的KTV在江苏就很难开展业务，浙江的商城在河北也很难取得进展，因为各地文化不同，消费者的需求也不同。那么，在跨文化服务营销中如何才能获得成功呢？以下有几点必备因素：

1）灵活的营销方式；

2）积极适应当地市场；

3）提供支持服务；

4）了解当地的基础设施并且进行服务营销调研；

5）积极地给客户做出承诺并且保证实现；

6）在发现问题时及时修正，避免走上岔路。

信息时代服务的新挑战

毫无疑问，我们已经步入了互联网时代，特别是进入21世纪后，互联网对于整个世界的影响正在日益显现。几乎所有服务都与互联网相关：在公司，电子邮件、网络电话、传真……你要与顾客沟通根本离不开互联网，甚至在餐馆，为了提供更快捷的服务，现在都开始实行电脑输单，顾客在餐位上点菜，服务员直接输入厨房终端……所以说，互联网的兴起给服务行业和服务人员带来了全新的机遇和挑战。为了适应全球信息化发展趋势，面对竞争日益激烈的市场，如何有效利用互联网改进你的服务已是当务之急。如果你不能跟上节奏和形势，那么你只能被时代淘汰。

有这样一个笑话，说的是古代和现代进行文化交流。古代派了十位经过严格挑选、业务绝对熟练的账房先生到现代来，分别在超市、机场、银行、餐厅等岗位工作，要求他们必须用古代算盘进行结算；而现代则派了十台先进的电脑到古代去。仅仅一天，账房先生们就被现代人像看怪物似的轰了回去；而同样是怪物，经过一段时间的熟悉，古代人却把电脑当宝贝珍藏起来。

这则笑话充分说明互联网时代需要你的服务手段更加高明，在传统社会中，评价服务人员的核心标准就是技术和责任感。只要有了好的技术，并且具有相对强烈的责任感，那么你的服务口碑基本就是好的。比如理发师，只要能理出个像样的能见人的发型，到底这样理是否对发质有损害，是理了半天还是一天，顾客不会管，重要的是完成了理发。而互联网时代则不同，由于社会环境的变化，生活节奏的加快，顾客对服务手段的要求逐渐提高，他们不仅需要服务的完成，更需要服务过程的完美。归纳起来，就是要求服务手段方便、快捷和准确。

小张和小李同时应聘到一家旅行社做导游。小张是学校的高才生，门门成绩优秀，但性格相对内向；小李成绩一般，但头脑灵活，善于学习和接受新鲜事物。两人用各自的风格带着自己的团队，小张严格遵循学校里学的理论知识，有条不紊，但游客反应很冷淡；小李则更多地在工作中求新求变，她平时喜欢通过互联网关注国际国内旅游动态，及时掌握旅游景点各方面信息，在讲解工作中高质量地传递信息，并且采用“互动式”的导游方法，满足旅游者的自主性和参与性，得到了游客的一致好评，业绩稳定。半年后，小李做上了部门主管，而小张还是原地踏步。

毫无疑问，小李胜在及时掌握了信息。信息社会中的导游不同于传统导游，要想吸引旅游者，必须不断吸取新知识、新技能，容纳新信息。对于服务人员而言，时刻都能获得新的信息，而在信息上领先半步，就能在工作中顺时而进，如鱼得水。

人类社会已进入信息社会，互联网和高科技通信手段的运用，使整个服务行业发生了翻天覆地的巨变。信息在变，世界在变，但“顾客是上帝”的宗旨永远不会改变。这些都给传统的服务人员带来了巨大的冲击和挑战。从商业角度看，服务的本质是通过无形过程满足顾客特定需求，创造交换价值。从人文角度看，服务的本质是一种平等、真诚的互助关系。从根本上说，服务就是为了使双方满意。因此，为了适应信息社会顾客的需要，服务人员也要与时俱进，在互联网上汲取与服务工作有关的大量信息，在工作中高质量地加工和传递信息。这样才能做一名合格的服务人员。

在互联网时代，顾客对服务人员的服务内容、服务手段、服务观念都提出了更高的要求。

小李是一家大型超市的普通售货员，刚刚入职，就感到了非常大的压力。“原以为售货员是个非常简单的工作，就是收收钱、拿拿货，最多要求多几个笑脸就是了，可来这儿之后，发现并没有我想得那样简单。”原来，为了适应不断变化的商业社会，给顾客提供更好的服务，超市对售货员设立了严格的培训和考核制度，其中计算机操作就是一项重要的考核内容。因为顾客要求提供的服务越来越多，为了提供优质的服务，加强管理，所有员工的计算机水平必须过关。

从小李的亲身经历可以看出，互联网时代信息渠道广，整个社会发展迅速，顾客对服务内容的要求不再像原来那么简单。我们在日常工作中经常会听到顾客这样反映：

“我需要开通我的网上银行，请问怎么办理？”

“你好，我对这件商品非常感兴趣，你能帮我查查供货方的联系方式吗？”

“我三天前在网上预订了你们公司的机票，为什么到现在还没有送货上门？”

“我有你们的会员卡，也参加了‘积分就有奖’活动，为什么我没有接到任何获奖的通知？”

“请问你们有自己的网站吗？我想了解更多的信息。”

……

由此可以看出，互联网时代顾客对服务内容的要求是多而全、精而准。服务人员既要全面熟悉整个业务流程和所有相关知识，又要根据实际情况给不同顾客提供特定的服务，这对传统服务来说是一个挑战。

互联网时代的来临，不但掀起了一场信息革命，也带来了一场人本革命。在人文层面，个人的价值日益得到重视；在法律层面，个人的知情权和相关法律权益得到尊重。这就给传统的服务观念带来了冲击。与传统的服务观念相比，互联网时代的服务观念更加人性化和透明化，要求以人为本、真诚平等。

小林在一个省会城市的步行街开了家服装店。由于商品很有特色，加上经营有方，对待顾客非常热情，虽然开业不久，但生意还算红火。但好景不长，慢慢地，小林发现熟客越来越少，有几个月甚至出现了亏损。是不是自己的货物跟不上潮流了？还是自己的服务出了什么问题？小林百思不得其解。看着周围的商店一如往日火爆，他决定去市场做个调查。调查结果让他大吃一惊，顾客减少的原因不是商品质量问题，也不是售货员服务态度不好，仅仅是因为他的服装店不能刷卡埋单。

这仅仅是互联网时代顾客服务更新加快的一个侧面。由于商业节奏的加快，顾客对服务的要求每时每刻都在更新。我们处于一个不断发展和变化的时代，要想给顾客提供优质的服务，要想给自己的服务增值，第一时间知道顾客的需求，必须为自己"充电"，而互联网无疑是"充电"的最佳途径。

王姐在一家大型商场工作，由于工作认真负责，一直以来顾客意见表上对她的评价都还可以，每个月都能拿到奖金。但自从新来了大学生小张后，她发现事情有了变化。虽然照例能拿到奖金，却越来越少，而且顾客似乎更喜欢让小张提供服务，经理也几次在例会上点名表扬小张，并号召有些老同志向她学习，听得王姐脸上火辣辣的。

思量再三，她还是决定屈尊向小张讨教。小张听清了原委，笑着说："王姐，您太谦虚了。其实还是您的工作做得比较好，尤其是您经验丰富，这方面我还要多向您学习呢，只是……"

"只是什么呢？"

"只是您可能需要与时俱进一点，我没别的本事，都是平时在网上关注些相关的信息，了解了顾客近期的消费心理变化，所以有时候和他们沟通更顺利一点……"

真是一语惊醒梦中人。小张一语中的，道出了互联网对服务人员的重要性。也许你没有时间和金钱去参加相关培训，也许你并不同意服务领域某个专家的观点。没关系，只要你学会学习，你会发现那里别有洞天，总会找到你想要的。

在信息时代，服务人员每天面对的是活生生的人，性格各异，各有所需，充满变化和不确定性。只有有效利用互联网，不断学习和更新知识，才能在工作中游刃有余，为自己的服务增值。

产品“零缺陷”，服务无极限

在服务工作中，产品品质就是企业的生命线，再多优美的词语，也不如实实在在高品质的产品来得真切。质量是企业的生命。这句话所表达的含义就是：如果产品质量达不到标准的话，就会最终被客户所拒绝，被市场所淘汰。企业的生命在市场，市场的生命在产品，而产品的生命在质量。美国一位企业家曾说：“倒了牌子的商品，想东山再起，如同下了台的总统期冀重返白宫一样，绝无可能。”

在企业的产品中，“零缺陷”的思想是一种新的科学思维方式，是一种积极心态，是企业参与国际市场竞争的唯一途径，也是一个提高个人能力和公司整体素质，最大限度地发挥公司整体功能，弘扬公司企业文化的契机。无论是个人还是组织，只有追求产品的“零缺陷”，才能被大众所接受。

“零缺陷”的概念产生于美国。“零缺陷之父”菲利浦·克劳士比之所以走上“零缺陷”推广之路，就源于态度的转变。克劳士比的职业生涯始于一条生产线的品管工作，当时尝试多种方法向主管说明他的理念：“预防更胜于救火。”

他先后任职的公司包括：1952年于克罗斯莱公司，1957—1965年于马丁—玛瑞塔公司，以及1965—1979年于马丁。在克罗斯莱的时候，他对与质量相关的知识努力学习不遗余力，几乎遍读当时所有的质量书籍，并且加入美国质量学会成为会员。在担任马丁—玛瑞塔公司的质量经理时，克劳士比曾经提出“零缺陷”的观念与计划，并因此于1964年获得美国国防部的奖章。

菲利浦·克劳士比对世人有卓越贡献及深远影响，被尊为“本世纪伟大的管理思想家”“品质大师中的大师”“零缺陷之父”“一代质量宗师”。

“零缺陷”理念从根本上讲，是一种旨在引导员工行为的意识和认识，它的出现及相关理论的发展是对质量管理理论的深化。企业若要用品质在市场扬名立万，首先应在“质量观”上改变自己。过去那种只要能凑合着干就行的观点必须改变。诸如产品能用就行的观念，导致企业不愿意在产品质量上下工夫，这种质量观反映出企业的质量管理是一种消极的管理，不是积极的管理。

在工作中，积极的质量管理观念决定了我们的产品质量、态度和行为的价值取向。落后的质量观必然产生消极的质量态度和不适宜的质量行为，从而制约产品的提高，甚至导致产品质量下降；而先进、科学的质量观，必然会使产品的质量提高一个台阶，客户的忠诚度也会大幅度提升。

在小天鹅公司，每位员工记在心中的就是产品的质量。销售人员曾在上海火车站向南来北往的旅客做民意测验，请他们将洗衣机的价格、服务、质量、款式排个座次，调查结果显示，人们大多都注重质量。有一位中年人说：“其实买洗衣机就是图个方便省力，如果经常出毛病，售后服务又跟不上，简直就是花钱找罪受。”

小天鹅的质量标准得到延伸：达到部标、国标只是起码的要求，目标是国际标准、用户标准。国家所规定的洗衣机质量标准是40000次运行无故障，而国际标准是50000次。正因为如此，小天鹅公司一直在致力于科研，最终成功实现无故障运行50000次。

如果是按照外国数据，有人曾经提出是否可以按照图纸来进行分毫不差地生产。但是小天鹅给予了否定答案，因为中国的消费环境的特点是电压不稳定，运输机械化程度不高等。所以，小天鹅在很多方面的标准都高于国外，之所以会出现这种情况，是用户标准在起作用。

事实证明，所有高质量的产品都是被生产出来的，而不是被检验出来的。小天鹅的每条流水线都有工序流转卡，每道工序完成后，由操作人员盖章，如果出了质量问题，三年之内都能查出责任人是谁。正是这种操作程序，大大提高了工作人员的责任心，而质量也随之提高了。

1995年的一天，总装车间下班铃响后，清洁工在清理装配场时发现了两颗螺丝。当即他觉得可能是漏装了，所以迅速把事情报告给了车间领导。经过仔细分析确定是漏装，所以立即决定将下午装配的600多台机器连夜翻仓，经过大家的共同努力，在晚上9点多钟拆到第3箱时，找到了漏装的洗衣机，补装上了那两颗螺丝。大家一致觉得，如果找不到这台机子，今晚这觉肯定会睡得不踏实。

在服务行业中，因为市场竞争较为激烈，所以企业必须把顾客利益放到第一位。在生产产品的时候一定要保证质量，否则可能会使顾客利益蒙受损失，如果情况严重的话，还会直接影响公司企业利益。

厂家可能最关注的是质量，但是客户最关注的问题是服务。在厂家和客户“联姻”的时候，质量和服务就成为厂家的全部。厂家不仅要生产高质量的商品，而且还要关注客户的情绪。客户的喜乐，就是厂商的喜乐；

客户的不满，就是对厂商最大的挑战。在产品进入市场之后，唯一能操控的就是服务，只有优化服务品质，才能使商品的缺陷得到弥补。

如今，市场竞争非常激烈，而且人们对于生活的品质有了更高的要求。因此，从某个方面来说，服务就体现了企业的软实力与竞争力。在服务过程中，商家需要重视细节，因为在很多时候，细节决定成败。

总之，在市场经济条件下，最为容易，同时也最为困难的就是服务。“产品零缺陷，服务无极限”已经成为众多企业发展的标准。

追求卓越，用心服务到永远

追求卓越的服务，意味着我们必须不停地向前奔跑。据调查，与5年前相比，顾客更注意自己所得到的服务了。他们对服务有了更多的要求；服务稍有不周就容易将他们激怒。他们认为，服务质量并没有改善，许多员工并不在乎是否提供优质服务。

这个调查结果是不是让你惊讶？随着生活水平的提高，顾客对服务的要求也越来越高，曾经让顾客满意的服务也许再过一年就会变成导致顾客不满意的因素。残酷的现实是：如果服务提高的速度慢过顾客日益增长的服务需求，其结果只有一个——失去顾客。

有一次，IBM公司召开行政会议，一位营销总监迟到了，并且直到开完会都没出现。董事会觉得奇怪，按这位营销总监的行事风格，应该不会迟到的，一定有什么重要的事情耽误了。后经调查，开会当时，有一位客户打电话说他所买的IBM电脑出了问题，这位营销总监二话没说就到客户所在地及时为客户解决了问题。会议缺席，过错可不小，但董事会不仅没有责备这个营销总监，反而嘉奖了他，说他分清了事情的轻重缓急，客户服务永远是最重要的。董事会的决定充分体现了IBM公司的经营理念。

IBM前总裁沃森先生出席了一次会议，这次会议的主要目的是探讨客户服务问题。在桌上放了各种各样问题的资料报告。

等讨论告一段落的时候，沃森走到会议室前方，然后用手朝桌子上一拍，只见摆在桌前的资料报告都掉到了地上。他说："其实这些问题根本不需要分类，归结起来就是一个问题，即我们对客户的关心是非常不够的。"

从此之后，IBM专门选用表现优异的业务人员任3年的主管助理。也就是在这段时间内，他的工作只有一项，即在24小时之内必须解决任何客户的抱怨或者是投诉的问题。

例如，在麦道自动化公司把其设在圣路易斯的总部搬进一座7层楼的学校的时候，为了重新安装麦道自动化公司的电脑系统，IBM的24名服务人员共分3组，一天24小时连转，用1700个工时完成了这项巨大的系统连接工作，而所有的工作都是不收费的。

正是因为IBM一直为客户提供优质服务，所以才使得公司发展不断走向繁盛。

服务需要创新，服务更需要一种不断追求卓越的精神。卓越服务是我们努力追求的服务方式，它给客户以惊喜，给客户以感动。卓越的服务是种超越标准化、细节化、个性化、精细化的服务，是最优质的服务。对卓越服务的追求能够创造经济上的价值，但其更重要的价值在于鼓舞人的精神，并使个人成就熠熠生辉。而这也正是卓越服务的真正含义。

卓越服务的首要条件是令顾客满意。什么是顾客满意呢？顾客对服务的价值有自己的期望，如果我们提供的服务低于顾客期望的服务，他们就会感到不满意；当我们提供的服务刚好与顾客期望的服务相吻合，他们会感到满意。但是，对服务人员而言，这并不是最好的状态。要想让顾客特别满意，我们不但要提供顾客期望的东西，还要提供一些额外的、超出他所期望的东西，即为顾客提供卓越的服务。

在工作中，我们会发现，不同的顾客期望值不同。要令顾客满意，就必须尽量满足不同顾客的需求。顾客满意是个永恒的话题。在服务业里，永远也不要说“我们的服务够好了”这句话，顾客的需求会随着时代的发展不断改变、不断提高。满足顾客的需求正是服务业不断前进的动力，而我们需要做的是不断追求卓越的服务：好点—再好一点—再好一点。

餐饮部服务员白雨田再一次当选为酒店月度优秀员工。在一次班组例会上，经理让她介绍经验。

白雨田说自己也没有什么好的经验，就是按照酒店的规范、标准，认真思考如何能为客人提供最大的帮助，在服务前把一些细小的事情都提前想周到，准备工作提前做好，并再次检查确认。她还举了几个日常工作的例子：

她在开餐前一定会检查自己的点菜单是否整齐，圆珠笔能否写出字，随身是否备有打火机、开瓶器，工作台里还备一份地图、一个针线包，了解酒店备用药箱里的药品与位置等。

她在为客人服务时会关注客人的动作，通过动作为客人提供及时服务。比如客人伸手拿香烟，她会想到客人所在区域是否是吸烟区？如果不是，她会建议客人转台移至吸烟区，并主动上前点烟，提供烟灰缸；如果用餐期间看到客人捻自己的手指或用手拿过有酱汁的食品，她会主动提供纸巾、湿毛巾或洗手盅给客人；客人突然站起身，东张西望，她会立即上前询问并带客人到洗手间；客人用餐时突然停下手中的餐具并皱起眉头，她会主动上前征询客人意见；客人喝了酒，她会主动为客人提供茶水及热毛巾；客人出现不耐烦的样子，桌面上没有任何食品，她会主动催促菜肴，并上前向客人解释；客人拿出药物，她会主动为客人提供温水。

追求卓越离不开用心服务。用心服务一要真心、诚心，即服务要从心灵沟通开始。只有用真心、用真诚去传情达意，才能使彼此的交流更为顺畅、更为高效、更为精彩。用心服务二要倾心、热心，即倾注全部心血和精力全心全意为用户服务，实心实意替用户着想。倾心、热心服务，要求我们必须变被动、生硬服务为主动、微笑服务，使“我对用户微笑”的同时，“用户也对我微笑”；变简单、一般的服务为复杂、多样的特色服务，把“代办服务”“社区服务”“特需服务”“绿色通道服务”“首问负责制”等优质服务形式落到实处。用心服务三要细心、耐心，即细微处见真情，长期坚持见功夫。优质服务就是要从小事做起，从点滴做起，细致入微，把一切细小的方面和环节都想到、做到；不厌其烦，耐心做到用户满意为止。这样，我们的服务就会尽善尽美，就不难与用户建立起牢不可破、长期共荣的相互关系，从而引导需求，满足需求。

服务无止境，用心服务到永远。用心服务强调的是用户满意，用心服务的真谛是要求员工发自内心、真心地为用户服务，这种服务融入了感情，倾注了心血，因而具有极大的感染力和生命力，最容易为用户认同和接受。

不要用忙来作为忽视顾客的理由

企业存在的基础是客户的存在，这也正是为什么自古以来商家都想尽各种方式来招揽客户的原因。随着时代的进步，社会分工有了进一步的发展，最初仅有几个工人的小作坊变成了拥有数十、数百甚至千万工人的大企业，企业管理者的经营模式也由最初的直接管理向间接管理转换。也就是说，企业管理者并不能直接管理其中的每一个经营细节，而需要将这个管理重任交托给具有相同管理经验的人士来共同经营。

对于企业管理者来说，包括身边工作伙伴在内的人都可以称得上是自己的服务对象。他们不得不将很多的时间花费在这些人身上：自己的老板、主管、股东、董事会成员、银行家、合伙人、供应商，以及下属、同事、卖方、营销者和一线员工、勤杂工等。

企业成立后的前 3 年至为关键，如果在这 3 年中企业出现了滑坡而引发倒闭危机，那么企业管理者则必须承担以上所提及人员的更多义务，当然，在对这些义务履行的过程中还有可能会接连不断地出现各种问题，企业管理者千万不可因此而泄气，恰恰相反，越是这种关键时期越要保持自己的创造力和服务精神。对企业的员工都坚持着服务的原则，那就更不必说对企业的客户了。企业管理者对客户的态度决定着企业的业绩，因此，无论你的企业如今处于一种怎样的发展阶段中，在服务方面都需要小心翼翼，服务对企业管理者来说永远不是一件轻而易举的事情。

企业管理者作为企业的高层人员并不像一线员工那样有很多与客户直接接洽的机会，但是对客户的服务意识却丝毫不能减少。这是成为一名优秀企业家的必要条件。

有的企业管理者用“难题”来形容客户提出的要求，对于一些特殊性的要求，他们则会用时间过紧、问题太多来搪塞，结果让抱怨之声充斥在与客户的交流中，投诉事件不断发生。这些负面事件又会成为企业管理者面临的新压力。之所以会出现企业人员对客户的抱怨现象，究其根本还是对服务理念的缺乏。试想，如果一个企业管理者在一开始就树立一种“客户是企业生命之源”的理念，那么他们还会在客户提出需求的时候推三阻四吗？

企业之所以能够得到生存和发展的机会，都是因为商品交换的结果。既然是商品交换，那么也就不存在哪一方出现损失的情况，客户只是用他们的钱来换取企业的产品和服务。既然是等价交换，企业就理应服务到底，对客户视而不见难道不正是在剥夺客户的权利吗？

真正成功的企业会将客户视为至尊，奉为衣食父母，将其供若神明。对运行了 3 年及其以上的企业进行调查，便不难发现在企业刚刚成立的第一年中，越是想将企业做大就越会在意客户的想法，企业管理者需要时时刻刻思索如何能够揽下更多的生意，如何能够将自己推销出去，如何能够寻找新的客户资源，什么样的服务才是更易被客户所接受的，怎样的一种模式能够让成本在最短的时间中收回。企业刚刚成立的第一年是一道关键的门槛，有半数以上的小企业都因投资不足而在这一年中不幸夭折。

如果你的企业有幸渡过了第一年的难关，那么在第二年中同样不可掉以轻心，这是挖掘新客户的关键时期，但企业管理者又不得不被一些其他的事情所干扰，比如说雇员、文件、纳税、融资、人力资源配置、存货、资产管理等。尽量不要被这些事情所干扰，争取做到在维持老客户的同时开发新客户，很多人都败在这个环节上，他们在企业盈亏持平或开始赢利的时候便放松了对客户的服务，而将工作重心转移到其他一些管理问题之上。这时客户便会清晰地分为三大类别：既来之则安之，来也匆匆去也匆匆，静待门前犹豫不决。

倘若你的企业很幸运地闯过了第二年的难关，那么这是值得庆幸也是需要紧张的时刻，因为企业管理者的肩膀上承担了更重的责任，一不小心出现服务的疏忽就有可能让自己的潜在客户投向他人。正如巴里·玛纳斯所提醒的那样：“千万不要以为现在你的客户对服务感到满意而沾沾自喜，实际上这些客户有很大一部分都只是暂时性的，竞争优势往往稍纵即逝。”因此，企业必须做更多的事情，避免客户的流失。

耐心体味：服务中蕴含乐趣

麦当劳对员工提出的要求之一是：乐于同人们打交道，喜欢为别人服务，能够从服务中找到乐趣。麦当劳认为，自己企业的员工所应该具备的基本素质就是用高度的热情来对待工作、用强烈的责任感来奉献自我、用良好的管理沟通能力来促使团队进步。作为服务性的行业，餐饮业也属于劳动密集型行业，当然，它也属于情感密集型行业。所谓情感密集则主要是指员工同客户之间融洽的关系，毕竟为了给客户提供服务，所以服务人员更要将自己的情感融入到对宾客的言谈之中，在细微之处体现最真心的服务思想。

一切以客户为中心就是要服务人员将客户当作太阳，当作衣食父母，当作恩人，当作朋友，当作老师。试想，如果没有客户，员工又怎么会有工作的机会？而工作的价值又从何体现呢？正是因为有了客户的存在，员工才有了工作的目标，所以我们应当对客户发自内心地报以感激之情，这样的感激能够让员工在服务工作中投入更多的热情，实现情感服务。

员工在服务的过程中也能够体验到一种成就感，实际上服务的过程本身就是一个员工进行自我营销的过程，服务能够为客户带来幸福的感觉，而这种快乐并非是单方面的，是可以相互传染的。所以，员工和客户之间必须通过相应的互动才能够让快乐元素扩展得更远。而这种双方都能获益的感受就是一种成就感。

或许有人会抱怨，为什么自己在服务的过程中投入了大量的热情，结果却无法从客户那里获得想象中的认可和肯定呢？实际上，每一位从事服务工作的人员都应当消除这样的抱怨，毕竟礼待客户、周到服务是我们的工作职责，客户却是有各种各样的，有的人性格友善，有的人要求较高，有的人则寡言少语。服务人员通常更容易从友善的客户中获得工作的乐趣，成就感也能够更加明显，但是当我们面对的是一些较为严肃的客户时，服务人员也大可不必为此而感到失落或恐惧。其实，每个人都应当学会与不同的人进行交流和相处，这需要花费一定的时间来锻炼，只要多一些尝试你便能够发现实际上一切糟糕的结果都仅仅是自己假想的而已。正如B.C.福布斯曾说："工作对我们而言究竟是乐趣，还是枯燥乏味的事情，其实全要看自己怎么想，而不是看工作本身。"

费曼教授曾经获得过诺贝尔物理学奖，他有一句至理名言："享受物理。"之所以这句话广为流传，正是因为其中的"享受"二字，也就是将工作的焦点都放在所收获到的乐趣之上。毕竟，一个无法感受快乐的人，即使他拥有大量的财富也难以一笑，更何况快乐是与我们的心境相联系的，而客观存在的条件，比如自己所从事的工作类别、服务对象、工资待遇等，都无法左右快乐的扩散方向。一个内心健全且积极向上的人在任何条件中都能够感受到轻松和喜悦。所以，能否体验服务带来的快乐，关键在于服务人员对工作的认知和体验，而非一些外在的物质性的收获。

我们最常用到的一个例子就是自己的童年时代，在那种青涩的时代中，即便只是奔跑、嬉闹、踢毽子、跳皮筋或是爬山探险等，任何一项活动都能够让我们沉浸在无忧无虑的快乐中。而当时自己所拥有的物质东西确实少之又少，既然一无所有，为何还能够开心自在？其主要原因就是一种无所求的心境，只愿全身心地投入到某件事情中，不问结果，不看得失，一切也就变得轻松安逸。童年时代凝聚了最纯洁的生命欢乐，实际上，在工作中如果员工也能够秉持一种“但求付出，不问回报”的心态，那么在对客户的服务中快乐也将会随之而来。

因此，服务人员一定要学会乐观地对待工作，体验服务过程中所产生的乐趣，与其勉强忍耐，不如用积极的心态来对待。

客户买的是服务带来的享受和感觉

各位亲爱的朋友，为什么说客户买的不仅仅是产品，还有服务带来的享受和感觉？关于这一点，如果你看过我的另外一本专门针对销售来讲的书，你一定会从中找到满意的答案，那本书名就叫《感觉——卖产品不如卖感觉》。当时这本书我起了很多名字，最终选定了这个名字，因为任何一个人买东西时，首先是因为他有这方面的需求，而最关键的在于良好的服务给顾客带来良好的享受和感觉。

现在的任何产品，竞争对手都非常多，你有的产品，其他地方也能买到一模一样的，而且可能价格更便宜。那么，我们凭什么让顾客能够立刻下定决心与我们合作，产生购买的欲望呢？这是因为顾客看中的不仅仅是我们的产品，更是我们的服务，以及在与我们合作的过程中给他带来的好感、信赖感。

洲际大酒店的服务理念是“提供品质最高的服务，创造顾客最好的享受”。另外，其管理层人员还形象具体地教育服务人员，如果客户需要一把锤子，你却给他拿来了一把斧头，那客户一定会不满意；如果你能给客户一把方便耐用的锤子并免费赠送一盒钉子，不仅客户非常满意，而且还会称赞你，并记住你，甚至会再次光顾你。这就是服务发挥的极致作用。

在酒店俱乐部的会员资料中，每个人各方面的信息都被详细记录，如家庭成员、兴趣爱好、工作性质……当然，对于其消费过程中的生活需求，酒店人员也了如指掌。每当客人带领家人或是朋友来到酒店度周末或假日时，他们会针对不同会员的特点提供最适当的服务。

关于会员需要什么样的服务，酒店俱乐部事先就进行了把握。正因为如此周到的服务，酒店俱乐部的会员才会不断增加，生意也非常好。同时，它的做法也受到了很多酒店的效仿。

松下电器创始人松下幸之助也曾说过："我的责任就是为公众提供卓越的产品与服务，丰富他们的生活乐趣，并给他们带来美好的感觉。如果我们公司的利润下降、收入减少，就说明我们没有履行我们的社会责任。"

客户的问题就是我们的主题和价值

1978 年 12 月的一天，美国波音公司董事长威尔逊突然接到一个紧急电话。打来电话的是意大利航空公司总裁诺狄奥。他告诉威尔逊说是意大利航空公司一架 DC9 型飞机在地中海不幸失事，公司急需一架新飞机代替这架飞机。在电话中，诺狄奥用恳切的口吻对威尔逊董事长说："如果贵公司能迅速派一架波音 727 型飞机来，那将不胜感激。"

这件事情难住了威尔逊先生。因为波音 727 客机属中型飞机，按照常规，订购一架该型号飞机至少需要等两年，想要迅速成交并不是一件容易的事情。

究竟该如何做呢？威尔逊立即召集公司高级职员研究此事。他们首先对波音公司的供货表做了一番审查，然后根据客户的轻重缓急来重新安排。最终，在不损害其他客户利益的前提下，做出了同意意航的要求，同时承诺在一个月内交货。正是在波音公司的帮助下，意大利航空公司才得以正常运转。

时间过得非常快，转眼间已经到了夏天。在波音公司办公楼内，有一份新的订货报告送到了董事长的办公桌。报告称，意大利航空公司为回报波音公司临危解难的义举，取消了同道格拉斯公司订购DC10飞机的原计划，转向波音公司订购9架波音747大型客机，而此次订购给波音公司带来了巨大利益。

这份巨额订货单，既没有经过强烈的讨价还价，艰苦的谈判，也没有花费任何促销支出。这是公司遵循"客户的问题是自己的问题"的原则，而为波音公司创造巨大价值的典型事例。

从故事我们可以看出，客户的问题就是我们工作的主题和价值。

所以，在我们的工作当中，当客户觉得有问题的时候，是给我们带来麻烦，还是给我们机会？当然是机会，是一个很大的机会。当客户有问题的时候，我们才能给他们服务。我们不管卖什么产品，都是在帮助别人解决问题。实际上我们为客户解决问题，客户跟我们合作的可能性才会大大地提高，是还是不是？！

所以，我常常会问客户一个很重要的问题："你有什么问题？我能为你做些什么？我能为你解决什么？"实际上，如果今天客户不跟我们合作了，肯定是客户觉得我们赋予的价值不够高，赋予的价值不够高是说我们解决客户问题的能力品质不够高。

事实上，全世界的公司都是有问题的公司，没有问题是公司最大的问题。所以，我们能够持续地帮助别人解决问题，能够持续地给别人提供价值，客户才会跟我们持续地合作。可见，客户的问题在哪里，我们的主题就在哪里。如果我们能解决客户的问题，就会得到一种很好的回应，业务合作的可能性和后续力就会大大地增加。

后记

感恩之心离财富最近

有无数学员不止一次地问我："开老师，是什么方法让您在短短的几年之内，从一个默默无闻的发型师成为备受华人听众欢迎推崇的演讲大师，是什么原因让卓越集团在中国9万多家培训机构中脱颖而出？"如果你看完了这本书，我想你一定会找到答案，这一切的成果靠的是不断学习与实践。

我总结了一个很重要的成功公式在这里与大家分享，那就是：

成功 =（销售力 + 领导力 + 谈判力 + 情绪掌控能力 + 公众演说能力）× 行动

在我的生命中，我感到最有意义、最有价值、也是使我觉得最快乐的事，便是我每天都在修炼自己，提升自己，学习以上的各种能力，分享给我每一个生命中有缘的朋友。

有许多学员对我说："开老师，您是我生命中的贵人和引导人，这辈子我都会感谢您！"

当看到学员们流下感恩的泪水时，我无比欣喜和感动。

正是你们的成长给了我动力，我告诉自己：要把我生平所学、所感、所悟的精华，在讲台上分享给每一个朋友，因为我知道你们和我一样渴望改变命运。

在这里我要深深地感谢我的父母，感谢他们给予我生命，感谢他们对我多年的养育和教诲；我还要感谢卓越团队中每一位不懈努力、辛勤付出的家人；感谢冠军造型团队的大力支持；感谢我的爱人柯金燕的帮助。最后，再次感谢我生命中所遇到的每一位贵人，衷心地祝福你们生活精彩，万事如意！

开建松

2013 年 9 月 16 日于上海